T0095403

LES BELLES PAGES DE LA SAGESSE TOME III

LA PROFONDEUR APPELLE LA PROFONDEUR

DR. RAHA MUGISHO

Dr. En Psychologie. FREEDOM COLLEGE AND
SEMINARY, ROGER, ARKANSAS, USA

Order this book online at www.trafford.com
or email orders@trafford.com

Most Trafford titles are also available at major online book retailers.

Printed in the United States of America.

ISBN: 978-1-4669-3247-0 (sc)
ISBN: 978-1-4669-3246-3 (e)

Trafford rev. 4/28/2012

 www.trafford.com

North America & international
toll-free: 1 888 232 4444 (USA & Canada)
phone: 250 383 6864 ♦ fax: 812 355 4082

TABLE DES MATIERES

DEDICACE

La sagesse n'est pas à confondre avec la folie parce que le sage ne s'arrête pas à ce que la folie crée mais à ce que la raison produit. [Sagesse du Dr. RAHA MUGISHO]

Je dédie cet ouvrage à mes bienaimés, AMULI NTABUGI ZOE, PROPHETE NEEMA SIKATENDE, KANAGWA BASHIMBE JOSHUA, DIDIER RUKERATABARO, CLAUDE BUHENDWA, AMISI UWEZO, LUMBU BYOMBO MUHIYA, JACQUES KILUWE, BODO PAMBU, HONORABLE KINJA MWENDANGA, RUBUYE OMBENI A. DESIRE ZAGABE KASIGWA, KAKESE WA BIZIBA JOSUE, RUNIGA JEAN-MARIE, JEANNETTE UWAMAHORO ET INNOCENT, FAMILLE MESHACK CIBAMBO, MWEZE KASONGO, THEO NYAMUHINDU, TETE BANGAMWABO, THEO BIDUDU MARDOCHEE, JONH KIDIGI, FAMILLE MAPENDO ETPEDRO, MWEZE KASONGO, MAPENDO ET AMANI BASHIGE, TETE ET TANDO ET A TOUS MES ENFANTS SPIRITUELS

INTRODUCTION

LES PROVERBES ET LA POESIE

Les proverbes sont des conseils vivants qui montrent la logique de réalité vécue en forme d'énigmes et d'expression normale.

Cet ouvrage servira aux écoles et instituts pour la dissertation et la composition. L'analyse des poèmes portera les sujets dans un monde de découverte et d'édification morale et culturelle. Voici en un mot la réponse du savoir et la découverte « de qui cherche ».

La meilleure façon de comprendre la poésie

Au fait, le poète est libre d'exprimer sa réalité vécue ou consentie. Il n'a pas à suivre les idées du cosmos mais va au delà de celui-ci pour y donner sa couleur et sa réalité. L'originalité du poète lui attribue sa valeur et sa personnalité.

Le poète crée et digère en extériorisant son souffle que les lecteurs découvriront en lisant avec une profonde analyse de pensée et des mots. Si le lecteur n'a pas ce concept, il ne comprendra rien et traitera la poésie de sans valeur. L'expression du poète est sa réelle présentation active et créatrice. C'est sa démonstration unique et personnelle qui atteste l'originalité intrinsèque. Avant de penser poésie, précède la philosophie qui au fait cadre avec la façon de pensée du poète. Ceci fait qu'un poète est avant tout un philosophe qui fait chanter ses pensées utilisant les règles poétiques. La différence d'autres formes de composition réside dans le manque de rime c'est-à-dire les autres écrivains ne suivent pas les règles de « rime » sauf le poète.

« Ma joie est de faire parvenir aux humains, l'humain dans la main, non demain ou lendemain mais maintenant, n'étant pas surhumain, restant humain ». Dr. RAHA MUGISHO

PREMIER CHAPITRE,

LES PROVERBES ET CITATIONS

1. Le mensonge n'annule jamais la vérité. [RAHA]

2. L'éducation par les souffrances ne tue pas mais laisse de bons souvenirs. [RAHA]

3. Vaut mieux reconnaitre une dette au lieu de la refuser, aux jours de détresses tu ne seras plus malin. [RAHA]

4. C'est en se disant la vérité qu'on fait des relations solides et un ami fidele ne trahit jamais. [RAHA]

5. La vie change souvent de couleurs, ne te moque pas des autres. [RAHA]

6. Tu donneras un bon cadeau à tes semblables en les écoutant patiemment. [RAHA]

7. Ne pense pas que les biens que tu fis te reviendront dans le même chemin. [RAHA]

8. La mort ne sera jamais comparable à la vie bien qu'elles marchent côte à côte. [RAHA]

9. malheur à celui qui trompe son ami, il consomme abusivement ses crédits. [RAHA]

10. L'enfant qui décide le sort de sa famille à la place de son père s'attire des malédictions. [RAHA]

11. La violence semble la solution aux yeux des ignorants mais ses conséquences sont très amères. [RAHA]

12. Ne prête jamais tes oreilles aux insensés ils les abimeront. [RAHA]

13. Aide-moi au temps de faiblesse au lieu de me ridiculiser. [RAHA]

14. Quelle heureuse surprise si ce n'est pas de rencontrer un bienfaiteur? [RAHA]

15. Pendant que tu as la force concentre toi à réaliser tous tes projets, ne gaspille pas tes forces dans les champs des autres. [RAHA]

16. Un gouvernement qui ne sécurise pas les jeunes et les vieux court à sa ruine. [RAHA]

17. Est un bon médecin à condition que je sois guéri. [RAHA]

18. Les larmes n'annulent jamais les souffrances mais la tolérance et la persévérance épuisent ses forces. [RAHA]

19. Les bons discours ne sont jamais comparables aux bonnes réalisations. [RAHA]

20. Faites attention aux gens qui ont échoué, ils ne vous donneront pas de bons conseils. [RAHA]

21. le meilleur moyen de faire parler un affamé c'est de lui donner une bonne nourriture. [RAHA]

22. Prends du temps de méditer sur toutes les paroles de tes parents, ne les néglige pas. [RAHA]

23. Par manque des biens on passe pour un aventurier mais l'avenir parlera un jour . . . . [RAHA]

24. Ne méprise pas celui qui passe par des tribulations, qui sait qui sera le suivant? [RAHA]

25. Ma sagesse ne mourra jamais mais mes bêtises je les consommerai moi-même. [RAHA]

26. Si je trouve quelques personnes qui m'assistent dans ma misère je ferai des exploits mais si ceux-ci me condamnent ils m'enterrent vivant. [RAHA]

27. le chien du roi est toujours un chien parmi les autres. [RAHA]

28. le bic noir et le rouge ne changent pas la signification des écrits d'un bic vert, ce n'est que la différence des couleurs. [RAHA]

29. Nous avons pleuré en grand nombre mais chacun avait ses propres douleurs. [RAHA]

30. La pire option qu'un homme peut prendre c'est de se décourager. [RAHA]

31. Ne crois pas que tu tromperas éternellement ta femme, elle te surprendra un jour, aie courage de lui dire la vérité. [RAHA]

32. Ceux qui courent sans but sont fatiguent vite. [RAHA]

33. L'ignorance et le manque de patience est une école de gaspillage tandis que la sagesse et la tolérance paient beaucoup. [RAHA]

34. L'homme qui raisonne présente des arguments valables mais le colérique s'attire toujours les problèmes. [RAHA]

35. La honte dans les conventions te fera pleurer, mais la transparence protégera tes intérêts. [RAHA]

36. l'intelligence n'est ni à la couleur ni à la taille mais dans la façon de parler et agir. [RAHA]

37. Une tenue respectueuse impressionne et donne de la valeur mais celle de la folie disqualifie. [RAHA]

38. Manger intelligemment c'est de connaitre le contenu des mets. [RAHA]

39. La mort n'est pas la fin de l'histoire mais celle de la géographie. [RAHA]

40. L'ignorance peut être cachée seulement par le silence. [RAHA]

41. Le jeun homme quand il parle il se confirme alors que le manque d'expérience ne lui montre pas au-delà de son nez. [RAHA]

42. Je suis fatigué souvent c'est par manque de motivation. [RAHA]

43. Le Nigérien vante sa soupe tandis que le congolais pleure en la buvant. [RAHA]

44. Les lâches crient pour décourager et démoraliser mais les héros encouragent en motivant les autres. [RAHA]

45. Ne te vante pas du feu que tu as je connais la boite d'allumette que tu as utilisée. [RAHA]

46. La justice non méritée n'est qu'une bombe cachée qui s'explosera sur vous un jour. [RAHA]

47. La terre n'est pas un sandwich que tu peux manger et terminer; chacun aura son tour. [RAHA]

48. Au lieu de refuser les insultes faites durant l'absence des amis, refusez la culture des injures. [RAHA]

49. Le roi c'est celui qui règne, ne pas le reconnaitre ne change rien. [RAHA]

50. Papa demeure Papa même si vous ne l'aimez pas il ne sera jamais ex papa. [RAHA]

51. Si le conjoint connaissait la puissance de l'union conjugale il n'accusera pas faussement son partenaire. [RAHA]

52. Il n'y a pas un rival qui te témoignera positivement. [RAHA]

53. La dette du sommeil non payée conduit jusqu'à la mort. [RAHA]

54. Mon plus grand bourreau c'est le choix de privilégier les soucis. [RAHA]

55. Le cadavre était aussi vivant, toi aussi tu n'échapperas pas à cette loi. [RAHA]

56. Les hommes arrogants insultent leurs enfants en faisant référence au snobisme de leurs mères bien

qu'il y ait des femmes très intelligentes et admirables plus qu'eux. [RAHA]

57. Ne te suicide pas, tu réussiras étant vivant. [RAHA]

58. Le rire d'un insensé étonne les sages. [RAHA]

59. La matière première de la vie c'est l'action. [RAHA]

60. Un homme sans objectif est comme un lion blessé et abattu. [RAHA]

61. la capitale de l'homme c'est son ventre mais sa couronne c'est l'esprit. [RAHA]

62. La colère du poisson ne fera que sa capture. [RAHA]

63. Démontre moi ta culture je saurai qui tu es. [RAHA]

64. Un enfant sage ne corrige pas ses parents mais il pose des questions pour savoir la raison d'être des faits. [RAHA]

65. Si Vasti n'avait pas désobéit au roi, Esther ne serait jamais reine. [RAHA]

66. Lorsque un ami te trompe plus de trois fois, ne lui donne plus de crédit sinon il détruira les fruits de tes entrailles. [RAHA]

67. L'absence physique de Dieu ne signifie pas qu'il ne voit pas. [RAHA]

68. Il faut toujours prendre du temps pour observer soigneusement au lieu d'être trop pressé pour s'engager, pourquoi avaler tous les défauts? [RAHA]

69. C'est la sagesse qui fait que votre père se tait bien qu'il ait beaucoup d'expériences plus que vous. [RAHA]

70. Tout ce qui enorgueillit c'est de la folie mais le sage embellit l'humilité. [RAHA]

71. Mes études sont insignifiantes si je ne peux pas démontrer ma capacité du savoir. [RAHA]

72. Dans mes inquiétudes je croyais que toutes les issues de salut n'existaient plus mais la grâce divine me montra la multitude des solutions. [RAHA]

73. Ne fais jamais violence à celui qui est plus fort que toi c'est un gaspillage d'énergie et une bêtise que tu regretteras. [RAHA]

74. Donne l'affection au moment favorable tu sauveras ton amitié. [RAHA]

75. Je jouerai ma vie pour la tienne, j'irai jusqu'à des privations pour te rendre heureux. [RAHA]

76. On ne peut jamais être vaincu sans comparaitre. [KADAHANWA MAPAMBOLI]

77. Les appels que tu reçois ne sont que pour les intérêts des tiers. [RAHA]

78. Pas d'amour sans tolérance. [RAHA]

79. Quand Dieu te fait passer dans plusieurs tests c'est pour te donner finalement ses trésors cachés. [RAHA]

80. Si tu avais déjà aimé tu comprendrais les émotions de ce jeune homme. [RAHA]

81. Si tu as gagné sur ton adversaire parce qu'il fut surpris dans la fatigue, sache que ta victoire est temporaire. [RAHA]

82. La montre est unique pour tout en avançant la tienne tu te trompe toi-même. [RAHA]

83. Prouve toujours de l'intérêt tu auras partout de l'estime. [RAHA]

84. Ne permettez jamais à qui que ce soit de jouer contre votre vie: votre avenir se cache dans votre vie. [RAHA]

85. Pourquoi ouvrir grands yeux et les oreilles aux intérêts des autres au lieu de chercher les vôtres? Ceci n'est que vanité. [RAHA]

86. Prendre le médicament qu'on ne connait pas c'est plus qu'une bêtise. [RAHA]

87. Quelque soit la faute de votre enfant ne choisissez pas l'option de le maudire parce que vous partagerez les conséquences. [RAHA]

88. L'homme sage termine tous ses besoins de toilette avant de sortir chez soi mais l'insensé se presse pour souffrir dans toutes les rues. [RAHA]

89. Priorité n'est pas sécurité mais votre sécurité doit être votre priorité. [RAHA]

90. La fraternité est réellement quand on l'accepte et on l'encadre. [RAHA]

91. Vaut mieux un ami qui vous aime qu'un frère de nom seulement. [RAHA]

92. Donner après la mort de quelqu'un c'est comme se moquer du défunt, donne moi étant vivant, le reste je ne le reconnais pas. [RAHA]

93. Un frère qui vous cause seulement des problèmes est inutile, l'oublier vous épargnera de beaucoup. [RAHA]

94. L'homme avare refuse à manger non pas qu'il n'a pas faim mais pour que les autres n'en profitent pas. [RAHA]

95. Si tu te vantes de ta beauté physique tu le feras pour des jours bien comptés mais heureux ceux qui sont beaux dans l'esprit. [RAHA]

96. Si tu te maries pour réjouir les autres ce mariage n'est pas le votre. [RAHA]

97. Toi qui dit que tu m'aimes, comment tu peux le prouver si je n'ai rien reçu de toi? C'est de la comédie. [RAHA]

98. L'enfant du chien l'est aussi mais l'enfant du fou ne l'est pas obligatoirement. [RAHA]

99. Refuser sa réelle identité est une mauvaise aventure qui vous fera pleurer pendant toute votre vie. [RAHA]

100. Divulguer les secrets des parents est une double malédiction. [RAHA]

101. Le mariage fondé sur le matérialisme est un sacrilège qui se fera explosé comme une bombe.[RAHA]

102. Si ma préférence va sur les légumes, vous vous fatiguerez de me flatter à manger de la viande, c'est ainsi que j'éprouve la joie de vivre. [RAHA]

103. Ce que j'ai rencontré dans ma vie je ne l'ai pas souhaité mais j'ai fait tout pour rester un homme. [RAHA]

104. Épouser plusieurs femmes n'est pas une gloire mais une bêtise qui te fera oublier qui est la femme. [RAHA]

105. Etre précieux c'est pour une saison mais être intègre sera une valeur que le temps ne t'enlèvera jamais. [RAHA]

106. Les enfants oublient facilement les sacrifices de leurs parents, et tous ceux qu'ils leur font, ne peuvent en aucun cas être comparables, c'est pour cette raison que dans chaque génération on récolte ce qu'on a semé. [RAHA]

107. Celui qui humilie vos parents vous humilie aussi. [RAHA]

108. Faites du bien, oui, mais n'oublie jamais votre personne, sinon vous finirez mal. [RAHA]

109. Les études n'enlèvent pas l'ignorance mais l'ignorance fuit les études. [RAHA]

110. Ce ne sont pas les études qui ont fait Einstein mais c'est Einstein qui a fait les études. [RAHA]

111. La vie est une balle déjà jetée, elle touche qui elle veut et au temps convenable. [RAHA]

112. Chacun a sa saison, rien ne sert à dérégler la montre. [RAHA]

113. La victime n'est pas toujours coupable et le coupable n'est pas toujours victime. [RAHA]

114. Le temps démontrera que l'homme suprême n'existe pas mais il y a un seul être suprême. [RAHA]

115. Celui qui prend plaisir de ridiculiser les autres est naturellement ridicule. [RAHA]

116. N'approchez pas un homme puissant si vous ne savez pas comment l'accueillir. [RAHA]

117. Beaucoup d'innocents souffrent mais leurs persécuteurs s'attirent la colère de leur créateur; ne faites jamais du mal aux insensés, ils auront leurs comptes. [RAHA]

118. Si Dieu n'avait pas réagi, David serait décapité par Goliath mais parce que Dieu combat pour son peuple

nous couperons aujourd'hui la tête du nouveau Goliath. [RAHA]

119. Tout ce que vous pouvez réaliser dans le monde sans songer au bénéfice des autres n'est qu'une chimère. [RAHA]

120. Écouter avec mépris vous fera dévier du vrai sens d'un message important. [RAHA]

121. Si votre père ne mérite pas toutes tes affections malgré ses erreurs, c'est parce que tu n'as pas encore connu son impact dans ton existence. [RAHA]

122. Un bon juge est celui qui prend tout son temps pour analyser les faits et ne se hâte pas condamner. [RAHA]

123. Le doute et la peur dans votre vision sont les ennemis de votre destin, pourquoi être le traître de votre propre vie? [RAHA]

124. Vanité, vanité, est la compassion de l'homme sans solution Gloire et honneur à Dieu qui seul sa parole suffit pour apaiser. [RAHA]

125. Le bébé est la personne la plus heureuse du monde mais malheureusement il ne le connait pas. [RAHA]

126. Le bon comportement vous fera arriver là où votre argent ne le pourra jamais, tandis que le mauvais vous fera enlever de la viande sous vos dents. [RAHA]

127. L'éducation sans culture est un obstacle à l'épanouissement de l'homme. [RAHA]

128. Votre culture est une richesse inimaginable ne la rejette jamais. [RAHA]

129. Gardez votre culture avec zèle, c'est votre fierté et aussi votre dignité. [RAHA]

130. Un homme sans culture est sans position, le vent l'amène partout. [RAHA]

131. L'éducation que tu as refusée, tu la regretteras toute ta vie. [RAHA]

132. J'ai cherché la justice et la démocratie je ne les ai jamais expérimentées mais la raison du plus fort est toujours la meilleure. [RAHA]

133. L'indifférence d'un politicien lui fera manquer des voix salutaires. [RAHA]

134. A cause de beaucoup d'occupations sans priorité, tu as oublié un ange dans ta maison qui fut ton miracle. [RAHA]

135. La vie est acceptable mais le refus de la mort ne la chasse pas. [RAHA]

136. Soyez prêt chaque jour parce que nul ne connait le mystère de la vie et de la mort. [RAHA]

137. Le salaire des hypocrites c'est toujours une mauvaise fin. [RAHA]

138. Vaut mieux se taire au lieu de créer un conflit évitable. [RAHA]

139. Le plan vous montrera votre destination mais la destination ne peut remplacer le plan. [RAHA]

140. Un leader sage connait que son mandat arrivera un jour et un autre prendra la relève. [RAHA]

141. Ne désespérez pas lorsque ceux qui vous respectaient commencent à vous négliger, faites seulement avec déterminations les actes qui vous attribuaient vos mérites. [RAHA]

142. Manger c'est bon mais partager c'est meilleur. [RAHA]

143. Si vous prenez le nom de chien, sachez que tous les chiens sont vos homonymes. [RAHA]

144. Le lion est sûr de battre un homme mais la sagesse de ce dernier le détruit. [RAHA]

145. Vous m'avez trompé deux fois et vous vous êtes glorifié mais le jour de votre malheur vous avez eu honte de venir me dire la vérité. [RAHA]

146. Le roi est pour nous tous mais celui qui est déchu tous le fuient. [RAHA]

147. Une chèvre qui se fait passer pour un chien sera mangée par les chiens. [RAHA]

148. Le travail qui tue l'âme et le corps est inutile quoiqu'il procure une abondance des biens. [RAHA]

149. Si Dieu ne m'aurais pas aidé, je serai comme une brebis sans défense. [RAHA]

150. La différence entre un million et cent mille est dans l'utilisation; c'est ici ou la sagesse montre la vraie richesse. [RAHA]

151. C'est une grande ingratitude de dire que Dieu n'existe pas Lui qui vous sauve de beaucoup d'accidents. [RAHA]

152. Reconnaitre Dieu n'est pas seulement le commencement de la sagesse mais aussi le rétablissement de votre réelle valeur. [RAHA]

153. Naitre dans une famille riche n'exclue pas la pauvreté si vous ne savez pas ce que vous pouvez y gagner. [RAHA]

154. Enseigner un insensé et orgueilleux c'est bien mais il n'en profitera pas car il ne trouvera jamais l'école de l'intelligence. [RAHA]

155. Faites attention lorsqu'un parent vous dit « mon fils ou ma fille, je veux te parler . . . » Ce pourrait être la dernière fois de l'écouter et le contenu pourrait être votre patrimoine. [RAHA]

156. Dans ma tristesse mes pleurs ne m'aidaient pas mais la sagesse me consoler. [RAHA]

157. Aujourd'hui se différencie d'hier par ses informations mais les lois de Dieu sont puissantes et inhérentes que celles des hommes. [RAHA]

158. Aimer et haïr ont un délai d'expiration mais l'amour de Dieu est intarissable. [RAHA]

159. Ne croyez pas que vous pouvez exterminer un peuple quand vous êtes incapable de connaitre et contrôler un parmi eux. [RAHA]

160. La terre que vous piétinez aujourd'hui aura son tour de vous avaler, c'est la vérité absolue. [RAHA]

161. Votre enfant l'est éternellement bien qu'il ne sera plus enfant. [RAHA]

162. Le doute et la honte de vos projets seront le blocage de votre vie, libérez-vous. [RAHA]

163. Gagnez un combat n'est pas gagner la guerre. [RAHA]

164. La foi dans l'avenir produit l'espérance de nos rêves. [RAHA]

165. Je suis, montre que je serai … [RAHA]

166. Ne faites pas confiance à un inconnu, observe le. [RAHA]

167. Ne croyez pas que celui qui rejette ses parents peut produire un amour consistant. [RAHA]

168. La honte dans les coopérations produit toujours des regrets. [RAHA]

169. En m'élevant à un haut niveau je vous cueillerai les fruits. [RAHA]

170. Je connais n'exclue pas la vérification. [RAHA]

171. La pire ignorance c'est d'ignorer sa valeur. [RAHA]

172. Soyez fier de votre identité que de présenter une fausse. [RAHA]

173. Si vous n'avez pas encore vu votre héros, vos parents sont les premiers pour vous. [RAHA]

174. C'est une grande bêtise de sous-estimer et maltraiter les visiteurs parce que vous les rencontrerez partout. [RAHA]

175. Dieu pardonne mais les hommes condamnent. [RAHA]

176. La joie du foyer est le meilleur dans la vie. [RAHA]

177. La musique réjouis celui qui est en bonne santé mais elle dérange le malade. [RAHA]

178. Vaut mieux marcher pieds nus que de porter un numéro plus grand ou plus petit. [RAHA]

179. Refuser la vérité ne l'annule jamais. [RAHA]

180. Les insensés veulent qu'on accepte tout ce qu'ils disent mais le sage respecte les arguments des autres. [RAHA]

181. Le sage cherche toujours les solutions adéquates, le malheureux développe les problèmes. [RAHA]

182. Ne te réjouis pas du son de tambour dont tu ne connais pas sa signification, informe toi auprès de connaisseurs ce pourrait être l'alerte de la guerre. [RAHA]

183. La civilisation n'est pas ce que les gents disent mais c'est une culture que l'homme de paix et d'amour vit. [RAHA]

184. En réalité, dans la guerre tous perdent, elle est à éviter parce que souvent on se heurte à beaucoup d'imprévus non souhaitables : la violence est toujours brutale. [RAHA]

185. Ce n'est pas parce que je me tais que je suis faible, c'est cela ma force. [RAHA]

186. Ne sautez pas sur les priorités du Japonais alors que tu es Chinois, cela ne vous servira à rien. [RAHA]

187. Personne nait avec les connaissances on les collecte dans de multiples milieux sociaux, ayez le zèle de le faire chaque jour, c'est pour ta prospérité. [RAHA]

188. Si vous êtes un grand blagueur c'est votre talent, mais ne blaguez pas avec Dieu, Il n'est pas un blagueur, faites attention. [RAHA]

189. La nourriture que tu mangeais avec beaucoup de joie fut la raison de ta destruction, il faut savoir quoi manger, ne te plait pas seulement de sa douceur. [RAHA]

190. Si tu veux vivre en paix, respecte la femme et les biens d'autrui. [RAHA]

191. La monnaie que tu as aujourd'hui, je l'aurai aussi demain c'est dichotomique. [RAHA]

192. Le soleil est perçu chaque jour nouveau mais personne n'a son âge. [RAHA]

193. Tu peux être appelé bon chez les uns et être qualifié mauvais chez les autres, c'est l'esprit du monde, l'insatisfaction, tu ne le changeras jamais. [RAHA]

194. Tuer un politicien c'est le rendre célèbre et immortel, tuer un serviteur de Dieu et un poète c'est une grande bêtise et une ingratitude. [RAHA]

195. Chercher à nuire vous créera un abîme, tandis que, chercher les biens vous sauvera du mal. [RAHA]

196. Ne présentez pas n'importe quelle connaissance comme amie si vous ne la connaissez pas profondément. [RAHA]

197. Faites attention à tous qui se présentent comme vos amis alors qu'il n'y a rien entre vous, c'est suspect. [RAHA]

198. Le temps est le juge qui n'oublie pas. [RAHA]

199. Le fanatisme à outrance est une maladie grave elle détruit la raison. [RAHA]

200. La vie ne se définit pas par rapport à votre possession ni à votre statut mais c'est Dieu qui élève et qui rabaisse. [RAHA]

201. Par orgueil vous pouvez vous en passer de Dieu et de ses principes mais le sage connait que c'est Lui qui a le dernier mot. [RAHA]

202. La souffrance la plus mauvaise vient dans les pensées et non dans les actions. [RAHA]

203. L'endroit idéal est la place où Dieu nous veut. [RAHA]

204. Les pire ennemis de l'homme ne se trouvent pas à l'extérieur mais à l'intérieur. [RAHA]

205. Les mauvaises décisions ne font que nous amener dans de mauvaises finalités. [RAHA]

206. Personnellement, je me condamne quand je condamne, parce que moi-même je trouve que sans la justice de Dieu ma vie serait un désastre [RAHA]

207. Comme la naissance est normale, la mort aussi en est parce qu'elles marchent ensemble. [RAHA]

208. Avec ou sans les attaques, le diable est toujours mauvais, combats- le pour ton avenir, c'est une malédiction de s'appuyer sur ses principes. [RAHA]

209. La peur de la mort ne fera que la torture, l'homme sage se prépare à mourir un jour. [RAHA]

210. Ne laissez pas votre père aller dans le monde de silence sans lui poser toutes les questions qui te concernent, personne d'autre ne le fera comme lui. [RAHA]

211. C'est une grande bêtise de tuer un être humain, c'est un grand échec, si tu pourras avoir le pouvoir de le corriger tu seras appelé sage. [RAHA]

212. Ne prive pas à ton prochain une autre occasion parce qu'il a échoué une fois. [RAHA]

213. C'est un grand fiasco lors de ton vivant si ta famille ne veut pas comprendre tes visions. [RAHA]

214. Même les grands de ce monde pleurent quand ils sont isolés. [RAHA]

215. La négligence fait que l'on regrette toujours mais la précaution fait qu'on a un bon témoignage. [RAHA]

216. Le temps perdu ne se rachète jamais, c'est la raison de l'utiliser sagement. [RAHA]

217. Dieu a fait tout le monde riche dans la distribution du temps mais les autres en abusent. [RAHA]

218. Ce que le voleur ne peut voler c'est l'esprit. [RAHA]

219. La qualification divine n'exclue pas la disqualification des hommes. [RAHA]

220. Grandir ou Etre dans un même environnement social ne donnent pas les mêmes faveurs. [RAHA]

221. Les douleurs de la naissance se transforment en joie quelques heures après la délivrance. [RAHA]

222. Choisis les mots convenables quand tu parles avec un homme influent et puissant. [RAHA]

223. Le philosophe revient toujours aux paroles dites comme une vache qui rumine. [RAHA]

224. Je m'enfous n'exclue jamais les conséquences. [RAHA]

225. La cause de la destruction de Samson fut la petite négligence. [RAHA]

226. L'accès aux racines suppose beaucoup de patiences. [RAHA]

227. Le héros n'a pas peur de mourir mais de trahir. [RAHA]

228. Atteindre ses objectifs ainsi que les rêves de la vie est une réussite idéale, et non ce que les autres pensent. [RAHA]

229. En voyageant, les réalités ignorées sont découvertes. [RAHA]

230. L'amour se cache dans le cœur, il est un concept complexe. [RAHA]

231. La haine n'est rien qu'une punition à l'auteur. [RAHA]

232. C'est une grosse bêtise de s'offrir à des personnes hypocrites. [RAHA]

233. Avant de me connaitre tu feras mieux de te découvrir en premier lieu. [RAHA]

234. Nous sommes différents, c'est une vérité. [RAHA]

235. Ne néglige pas le mendiant, tu ne connais pas son avenir. [RAHA]

236. Etre rejeté est une occasion pour se retrouver. [RAHA]

237. Un parent disait à son enfant, si tu connaissais réellement mes pensées tu m'aimerais beaucoup. [RAHA]

238. Malgré que je fasse la publicité du ciel, peu sont les gens qui sont prêts d'y aller. [RAHA]

239. Les dettes de prestiges ne créent que ta tombe. [RAHA]

240. Dépense sagement et ne vide pas tes poches pour montrer ta grandeur. [RAHA]

241. Ne vous en faites pas, on vous cherchera quand ils verront leurs intérêts. [RAHA]

242. L'étranger est toujours sujet de suspicion ne vous fâchez pas, c'est une réalité. [RAHA]

243. Ne peut jamais être un vrai ami celui qui méprise votre père. [RAHA]

244. La jeunesse est une saison et la vieillesse est une autre mais toutes les deux arrivent aux vivants. [RAHA]

245. L'enseignant doit produire tout ce qu'il a pour former parce que c'est lui qui donne la connaissance aux rois et aux leaders. [RAHA]

246. Rejeter les pensées des sages ne fait que montrer et entretenir l'ignorance mais y réfléchir vous donnera une méditation nécessaire. [RAHA]

247. Refuser un bon argument sans y apporter un autre est sadique et perte de temps. [RAHA]

248. Avant les combats, tous ont les chances égales mais une petite erreur vous fera perdre le nom et le prix, la

préparation de grande taille est toujours nécessaire. [RAHA]

249. Ma colère me fait toujours des maux de tête mais ma patience me crée la paix du cœur. [RAHA]

250. Le travail bien fait est le fruit de ta sagesse et le fruit de la sagesse est une grâce divine; alors n'oublie pas d'associer Dieu dans le partage. [RAHA]

251. Je suis signifie que j'étais et je serai. [RAHA]

252. J'étais, signifie que je ne suis plus, alors c'est l'utopie. [RAHA]

253. L'intelligent sait qu'il peut oublier mais l'ignorant l'ignore. [RAHA]

254. La différence est due à la connaissance, en l'appliquant je montrerai ma différence et en la pratiquant, apparaîtront soit ma grandeur ou ma folie. [RAHA]

255. Si vous connaissiez ma vision vous ne me condamnerez pas, la bonne nouvelle est qu'en arrivant au destin, vous me comprendrez. [RAHA]

256. J'ai raison d'aimer, J'ai raison de refuser mais je n'ai pas raison de me suicider. [RAHA]

257. Mentir la nuit n'empêchera pas la vérité le jour. [RAHA]

258. Dominer, c'est pour un temps, régner c'est pour une saison mais vivre c'est une autre chose. [RAHA]

259. N'arrête pas la course avant le dernier sifflet de l'encadreur. [RAHA]

260. Ceux qui regardent très loin ont déjà dépassé la bassesse mais ceux qui regardent à courte distance sont dans le monde de bassesse. [RAHA]

261. Il est sage de s'éloigner d'un homme qui agit comme un animal. [RAHA]

262. Ne blague pas avec un homme qui a le pouvoir de t'écraser, mais humilie toi devant lui avant qu'il ne soit trop tard. [RAHA]

263. Le sage connait bien le langage des vantards et le désapprouve. [RAHA]

264. Je souffre ce n'est pas nécessaire mais souffrir pourquoi. [RAHA]

265. Si Dieu était un homme alors l'homme serait détruit. [RAHA]

266. Ceux qui ont compris le sage s'unissent pour promouvoir les leur mais les ignorants favorisent l'étranger, c'est une vanité. [RAHA]

267. Si Dieu te fait traverser le désert personne ne te comprendra mais tu dois toi-même persévérer parce que c'est pour ton intérêt. [RAHA]

268. N'abandonnez pas votre vision parce que vos adversaires vous découragent, Ils savent ce qu'ils font, méfiez-vous. [RAHA]

269. L'homme ce n'est pas le corps, c'est l'esprit. [RAHA]

270. Il n'y a pas une mauvaise chose qu'être sincère dans l'erreur. [FLAVIER BARHASIMA]

271. Tu ne perdras jamais un jugement sans juge. KADAHANWA MISEGE ELETHER

272. La gloire de l'homme est géographique. [Ushindi Amba] Les enfants sont à votre responsabilité sous votre toit mais quand ils sont chez eux ils deviennent autres personnalités. [SADIKI ZACHARIE]

273. Si vous cherchez une chose qui est en dessous de votre lit, agenouillez-vous. [Copie de REMY OLEMBO]

274. L'ignorance et l'oubli sont dans la même famille. [REMY OLEMBO]

275. Dire à l'examen que j'ai oublié ne change rien il faut à tout prix donner la réponse. [REMY OLEMBO]

276. La pierre jetée dans votre champ vous servira pour construire. [PASTEUR DE GUADELOUPE]

277. Mon fils; « dans le chemin de la prospérité n'oublie jamais les quatre personnes, l'homme de Dieu, L'avocat, Le médecin et l'économiste; ici vous vivrez l'efficacité dans les affaires. [REMY ET RAHA]

278. L'homme a le vouloir mais Dieu a le pouvoir. [ALAIN MBAYO]

279. Les chiens ne respectent pas un homme qui portent une bonne tenue mais celui qui porte un os. [Copie d'ALPHONSE PENESULA]

280. Donne mille chances à tes ennemis de devenir tes amis mais ne donne aucune chance à tes amis de devenir tes ennemis. [Copie de Kagufa Justine]

281. Le succès sans successeur est une bêtise. [Idée de Billy Lubanza]

282. Pour obtenir quelque chose que vous n'avez jamais eu, vous avez à faire quelque chose que vous n'avez jamais fait. [Copie d'Angel Kayakez]

283. «La volonté de Dieu ne vous amènera pas là où sa grâce ne vous protégera pas » [copie d'Angel Kayakez]

284. «Froisser un billet de cent euros et cracher au dessus ne perdra jamais sa valeur, ainsi est l'homme élevé par Dieu ; le sabotage et les critiques ne lui ôteront jamais sa valeur. » [NICOLE MALONGA]

285. C'est une folie de montrer sa fureur devant le roi, vous la regretterez. [RAHA]

286. Fais vite ton testament quand tes forces commencent à t'abandonner, ne donne pas l'occasion au méchant de régner. [RAHA]

287. Toutes les œuvres que vous faites, ne les faites pas à moitié, c'est une bêtise et du gaspillage. [RAHA]

288. Beaucoup d'innocents croupissent dans les prisons et leurs cris ne signifient rien à leurs tyrans, mais Dieu les vengera, n'abuse pas de ton pouvoir. [RAHA]

289. Si tu veux commencer une œuvre vers le haut, tes jambes seront fracturées. [RAHA]

290. Sois réaliste pout tout qui concerne l'argent sinon personne n'aura pitié de toi. [RAHA]

291. Faites attention au vent qui détruit tes voisins parce qu'il arrivera à ton tour, cherche la solution avant qu'il ne soit trop tard. [RAHA]

292. Ne pense pas que tu es meilleur aux autres, le temps te le prouvera un jour. [RAHA]

293. Le temps favorable est ta fierté mais sache que le temps défavorable existe aussi. [RAHA]

294. Souvent les gents confondent la faveur et le mérite. [RAHA]

295. Je ne suis pas fainéant mais mes adversaires le souhaitent. [RAHA]

296. Chantez, dansez, courez, mais après de longues années ce sera les autres que tu admireras. [RAHA]

297. Est poli à cause des intérêts ne tarde pas à être découvert, soyez sage. [RAHA]

298. Tes bénédictions de base, c'est reconnaitre tes parents et les aider dans tous les besoins, alors vous êtes bénis. [RAHA]

299. Tes problèmes signifient beaucoup pour toi mais pas à ton voisin. [RAHA]

300. La haine et la colère ne te construiront jamais une maison mais elles creuseront ta tombe. [RAHA]

301. L'homme qui a acquis ma sagesse, est fier de prononcer mon nom mais le plus sage doit croire au nom de la sagesse suprême. [RAHA]

302. Mes enseignements ne valent rien si je ne les pratique pas, c'est comme un vent qui passe et ne revient plus. [RAHA]

303. Personne n'a le droit d'interdire à l'autre d'entrer au ciel mais c'est l'homme lui-même qui choisit les comportements et le prix à payer pour y entrer. [RAHA]

304. «L'artiste demeure, le penseur inspire tandis que la terre tourne ». [RAHA]

305. Malgré tout qui t'arrive ne néglige jamais de construire trois maisons dans ta vie, celle de Dieu, de la Sagesse et de l'Amour, ce serait ta réussite et ta couronne. [RAHA]

306. Un conjoint qui accuse faussement son partenaire, le tribunal le suivra partout. [RAHA]

307. La barbe d'une femme ne la ferra jamais un homme. [RAHA]

308. Quand j'étais faible, le monde m'appelait fort et lorsque je fus très fort il me prit pour un vaurien, c'est Dieu qui connait l'homme. [RAHA]

309. Toutes les personnes qui prêchent le mal aux justes, ils le récoltent. [RAHA]

310. Ce ne sont que des idiots qui s'occupent des affaires qui ne les concernent pas. [RAHA]

311. Tu ne peux pas tuer ce que Dieu veut vivant. [RAHA]

312. On est héros non pas par la naissance mais par la foi dans ses convictions. [RAHA]

313. Ne pensez pas que parler beaucoup c'est l'intelligence, on frôle la folie. [RAHA]

314. Écouter beaucoup te donnera juste à communiquer. [RAHA]

315. D'autres personnes sont folles par la diarrhée des paroles et les naïfs croient que ce sont les bons leaders. [RAHA]

316. *L'information amène la formation, la formation amène la connaissance, la connaissance amène la vérité et la vérité amène la liberté. [Sagesse du Dr. RAHA MUGISHO]*

317. Demeure dans ta vision, même si tes amis ne t'encouragent pas, tu ne peux pas les obliger à te comprendre, ta réussite seule le fera. [RAHA]

318. Ne négligez pas vos émotions, de fois elles sont salutaires. [RAHA]

319. En répétant les sottises d'un insensé, on devient plus sot. [RAHA]

320. L'artiste qui néglige un autre n'est qu'un apprenti. [RAHA]

321. Tout ce que vous faites, faites le correctement parce que la raison parlera un jour. [Sagesse du Dr. RAHA MUGISHO]

322. La tolérance est un dépôt qui sécurise. [RAHA]

323. Donnez moi ma sécurité je suivrai tes instructions. [RAHA]

324. La politique, l'intelligence, l'expérience et les talents ne se trouvent pas dans le verbe mais et uniquement dans l'action.

325. Montrez moi ce que vous avez déjà réalisé dans votre vie même une petite œuvre positive je connaitrai votre valeur. Sagesse du Dr. RAHA

326. Si vous avez échoué pendant dix ans, n'espérez pas que vous réussirez après avoir perdu la force et la mémoire. Tout que ceux-ci feront ne sera que la routine ; méfiez-vous. Sagesse du Dr. RAHA

327. *L'homme est le premier élément du développement et il est impératif de le connaitre avant de lui donner la responsabilité. Sagesse du Dr. RAHA*

328. *L'homme que vous regardez n'est pas le vrai homme mais il est celui que vous ne voyez pas. Si vous pouvez connaitre sa partie cachée vous l'identifierez. Sagesse du Dr. RAHA*

329. *Lhomme est esprit et il faut le découvrir par ses comportements, ses émotions, ses pensées et ses paroles. Sagesse du Dr. RAHA MUGISHO*

330. Au lieu de chercher à s'enrichir seul il est sage d'ouvrir la porte à d'autres de devenir riches ; c'est ainsi que vous aurez à fructifier vos revenus dans chaque minute. [RAHA]

331. La gloire, le succès, vécus dans n'importe quelle circonstance seraient profitables si ils peuvent être partagés avec les personnes qui vivent avec vous, sinon ce serait comme une vapeur qui disparait. Sagesse du Dr. RAHA

332. Les hommes se donnent de la valeur selon leurs intérêts et avantages mais la vraie valeur réside dans l'individu, et sa manifestation se fait par des talents qui parleront à haute voix au temps favorable. Sagesse du Dr. RAHA

333. Faites attention aux invitations parce que toutes ne sont pas pour votre édification mais pour votre malheur. Sagesse du Dr. RAHA

334. La richesse dans laquelle tu ne peux pas te réjouir est aussi une malédiction ; pourquoi les autres en bénéficient et vous, elle vous passe sur le nez ? La vraie richesse est celle qui porte la bénédiction divine. Sagesse du Dr. RAHA

335. Aimer n'est pas réel s'il n'est pas accompagné des œuvres visibles et continuels. Sagesse du Dr. RAHA

336. Est mon ami c'est vague mais je le porte à cœur dit beaucoup. Sagesse du Dr. RAHA

337. Beaucoup de gens négligent les métiers des autres mais la pire de choses c'est de le négliger soi-même. [RAHA]

338. La persévérance et l'endurance dans la vision démontreront la vraie puissance et valeur de ce que vous faites. Sagesse du Dr. RAHA

339. Les pauvres existent mais la plus mauvaise chose c'est un riche qui vit la pauvreté et le pauvre qui vit la richesse. Ce sont des tourments inutiles. Sagesse du Dr. RAHA

340. Tu as refusé de me reconnaitre, mais tu me verras un jour sur la lune, et tu seras le premier à me donner un meilleur nom mais ce serait regrettable pour toi. [Sagesse du Dr. RAHA]

341. La vie est trop courte presse toi de faire les biens aux personnes qui te sont précieuses. [Sagesse du Dr. RAHA]

342. La distinction de l'homme sage n'exclue pas de se permettre quelques folies de ce monde; alors, le sage est celui qui est couvert de la connaissance divine. [RAHA]

343. Pourquoi accepter de souffrir quand nous avons l'option de refuser; beaucoup de pensées nous font souffrir. [RAHA]

344. Mes écrits me rendent immortel parce que toute génération en commentera [RAHA]

345. Avoir et Manquer sont deux vocables qui nous arriveront tous. [RAHA]

346. L'enfant qui ne croit pas à la sagesse de ses parents, est considéré comme un fou parce qu'il vit par leur sagesse. [RAHA]

347. Prenez le temps d'écouter soigneusement avant de répondre sinon vous serez l'auteur de votre malheur. [RAHA]

348. Ne répondez pas quand vous n'avez pas de réponse, ceci ne vous coûterait rien de dire « pardon je ne sais pas ». [RAHA]

349. De fois le silence épargne beaucoup de dangers, c'est aussi de la sagesse. [RAHA]

350. Admirer les couleurs du caméléon mais ne le soyez pas. [RAHA]

351. Un peuple visitait par Dieu doit savoir comment l'accueillir sinon il sera détruit. [RAHA]

352. Si votre frère vous dit que vous l'avez offensé, la première chose serait de demander pardon. [RAHA]

353. Voisin, pourquoi vous vous occupez de ma vie alors que vous avez la vôtre. [RAHA]

354. Soyez sage et ne prétendez pas avoir raison lorsque vous ennuyez les autres. [RAHA]

355. Mon ami mariez vous, vous ne gagnerez rien dans la prostitution si ce n'est que la honte, la misère et le ridicule. [RAHA]

356. La mort n'a pas peur de grande maisons ou de grands noms, vivez comme celui qui mourra un jour. [RAHA]

357. Ne prenez pas quelqu'un comme votre esclave parce qu'il vous respecte. [RAHA]

358. Tout est roi dans son fief mais le vrai roi est connu par tous. [RAHA]

359. Vous pouvez penser que je ne souffre pas mais je les repousse pour me reposer. [RAHA]

360. Je préférais la mort au lieu de la vie mais pour l'amour des autres j'ai trouvé l'importance de ma vie. [RAHA]

361. Les farceurs passent facilement pour les VIP tandis que les hommes droits sont répugnés, prendre le temps de connaître quelqu'un serait une bonne solution. [RAHA]

362. Découvrez une personne c'est sage, que suivre les commentaires des hypocrites. [RAHA]

363. Quoique vous voliez très haut vous finiriez par descendre. [RAHA]

364. Il avait peur des serpents mais cela n'a pas empêché d'en être mordu. [RAHA]

365. La maladie qui a tué le pauvre a tué aussi le riche. [RAHA]

366. Tête haute parce qu'il n'a pas encore rencontré le lion. [RAHA]

367. Tu me regardais avec dédain mais lors de ma présentation tu as changé ta face. [RAHA]

368. Ne critique pas cette phrase toi qui ne connait pas sa raison d'être. [RAHA]

369. De fois je passe à l'euphorie quand je reçois l'inspiration des proverbes et poésies, c'est une joie et un réconfort intime. [RAHA]

370. Ne vous découragez pas de ce Lundi, Dieu vous donnera un autre de victoire. [RAHA]

371. Avoir l'argent c'est bon mais ne pas l'utiliser il devient sans valeur. [RAHA]

372. Je suis né pour bénir mais de fois mes bénédictions sont repoussées. [RAHA]

373. Les proverbes mal interprétés deviennent un mauvais sujet de discussion. [RAHA]

374. Les soucis du singe ne lui donneront jamais la queue. [RAHA]

375. Frapper un témoin gênant ne fait qu'aggraver l'infraction. [RAHA]

376. Etre homme sans responsabilité c'est un déraillement. [RAHA]

377. En tout cas Dieu nous cache de bonnes choses non pour nous faire souffrir mais parce qu'il est un bon maître. [RAHA]

378. Etant lumière, une seconde suffit pour chasser les ténèbres. [RAHA]

379. L'enfant qui chasse son Père dans sa maison sera chassé de son tour par la nature. [RAHA]

380. Ne précipitez pas les aiguilles de la pendule, l'heure attendue arrivera sûrement. [RAHA]

381. L'ami du roi qui se promène avec les sorciers est très suspect. [RAHA]

382. Je n'ai pas à réfléchir deux fois, la maison du voleur est souvent fréquentée par les voleurs. [RAHA]

383. Le pain que vous m'avez privée dans la misère je n'en ai pas besoin dans l'abondance. [RAHA]

384. Si mon chef m'aime seulement à cause de la taxe donc il ne m'aime pas. [RAHA]

385. Washington DC est la capitale des États-Unis, même si il n'est pas grand. [RAHA]

386. Comment pouvez-vous prétendre édifier celui qui a parfaitement réussi et vous, vous êtes à la croisière des chemins. [RAHA]

387. Le succès de tout projet dépend du sérieux y affecté. [RAHA]

388. Parler les paroles insensées contre Dieu au deuil ne fait que souiller le cœur, et faire pleurer les faibles mais tu seras en jugement parce que tu l'as offensé. [RAHA]

389. L'article excessivement moins cher est souvent très suspect, prends tout ton temps à le vérifier soigneusement. [RAHA]

390. Faites tout pour garder les bonnes relations avec les voisins, ils peuvent vous sauver ou vous détruire. [RAHA]

391. Si vous avez la capacité d'être rassasié pendant trois cent soixante jours, sacrifiez une semaine pour nourrir les affameux qui sont dans votre quartier. [RAHA]

392. Détrompez-vous, chaque succès a un délai d'expiration, préparez-vous à tenir ferme dans ces moments et ne méprisez jamais les autres. [RAHA]

393. Ne faites jamais du mal à celui qui vous a fait des biens, c'est une malédiction que vous coûtera très cher. [RAHA]

394. Personne n'a envie d'écouter ce que tu dépenses par jour ou la magnificence de votre demeure, soyez simple et courtois pour vivre bien dans toute société. [RAHA]

395. L'homme que vous négligez aujourd'hui, il pourra devenir l'assassin à qui vous demanderez sa grâce pour vivre et il ne vous la donnera pas, le monde tourne. [RAHA]

396. La souffrance d'un parent est terrible si ses propres enfants ne peuvent pas lui donner du pain au temps opportun; c'est une haute trahison. [RAHA]

397. Ma mère me disait toujours; « Si tu aimes le corbeau il faut aimer aussi ses pieds ». [RAHA]

398. Je pensais que tous les corbeaux avaient deux couleurs, mais en voyageant, j'ai vu que les autres avaient seulement une, et ils ont le même nom. [RAHA]

399. Ne jetez pas des pierres sur un oiseau que vous ne connaissez pas. [RAHA]

400. Tolérance zéro c'est bon pour le voisin. [RAHA]

401. La connaissance que vous avez est la découverte d'une autre personne. [RAHA]

402. Si il a maltraité ses parents, il le fera aussi pour vous. [RAHA]

403. Le grand message de Dieu est l'amour mais l'homme l'a limité pour ses intérêts. [RAHA]

404. Si aujourd'hui, je pouvais voir mon père, je lui dirais qu'il est brave. [RAHA]

405. Donne tout ce que tu peux à ta mère parce qu'elle elle détenait ta vie et ton destin. [RAHA]

406. Ne vous moquez pas de ce victime des erreurs, demain ce pourrait être vous. [RAHA]

407. Dans Hadès nul n'est supérieur à l'autre. [RAHA]

408. Personne ne peut t'aider à supporter les douleurs causées par la maladie sauf le Roi des rois et le Seigneur des seigneurs. [RAHA]

409. Ne vous découragez pas si Dieu vous fait passer dans le désert, vous y sortirez avec de grands témoignages. [RAHA]

410. Ce n'est pas parce qu'un grand homme a donné du respect au singe qu'il deviendra un homme. [RAHA]

411. Si vous refusez à croire en Dieu en qui d'autre vous croirez? [RAHA]

412. Donne moi à manger je te raconterai des histoires que tu ne connais pas. [RAHA]

413. Une hutte remplie de bonnes actions est meilleure qu'une villa avec des querelles et mépris. [RAHA]

414. Vaut mieux être uni qu'être ensemble. [RAHA]

415. Si vous ne protégez pas votre tête vous perdrez votre cœur. [RAHA]

416. Les tombeaux que vous voyez renferment les anciens malins et capables, ce monde ne nous appartient pas. [RAHA]

417. Homme de Dieu sache que si le ridicule tuait tu serais le premier, tu me refuses un petit service et tu cries toute la nuit à Dieu pour un grand service. [RAHA]

418. Ne te vante pas d'avoir tué parce que tu portes la responsabilité du sang dans toute ta vie. [RAHA]

419. Vérifie toujours tes pensées au lieu de les confirmer sinon tu auras des conflits partout. [RAHA]

420. Un homme dirigé par les rêves ne sera jamais réaliste. [RAHA]

421. Donner de l'affection est souhaitable à tous et le contraire est toujours un désastre. [RAHA]

422. Répondre vite dans la colère signera votre condamnation à mort. [RAHA]

423. Les haricots qui sont cuits pendant une heure n'ont plus le même statut à ceux qui sont restés dans le panier. [RAHA]

424. Le péché du voisin est une grande bêtise mais le sien passe inaperçu. [RAHA]

425. Ma vision serait ma force en y croyant fermement. [RAHA]

426. Etre intelligent c'est savoir remercier tous ceux qui t'ont fait du bien et ceux qui t'ont fait du mal, parce que sans eux vous ne serez pas ce que vous êtes aujourd'hui. [RAHA]

427. Ne mangez pas beaucoup dans une maison qui n'a pas de toilettes. [RAHA]

428. Vous éviterez des peines inutiles en oubliant les faux amis [RAHA]

429. Éloignez-vous d'un adepte qui accuse et maudit son père spirituel, il est très dangereux comme un enfant qui découvre la nudité de ses parents.

430. La vie sans sacrifice est comme un gagnant sans combat. [RAHA]

431. Vous ne pouvez pas changer le monde mais par un bon plan vous atteindrez les objectifs de votre vie. [RAHA]

432. Insensé, en quoi te sert de publier les péchés des autres, ceci montre que tu es importun; qui te paiera pour ce lourd travail? [RAHA]

433. Mourir, je mourrai un jour mais la deuxième vie sera ma joie et ma consolation. [RAHA]

434. Nous ne voyons pas les mêmes images, pourtant nous regardons sur un même point. [RAHA]

435. Vous n'avez pas raison de priver les autres cette raison. [RAHA]

436. L'insensé mange seul, il ne sait pas ce que lui réserve l'avenir. [RAHA]

437. Celui qui était avant toi entendait aussi des éloges, mais quant les intérêts furent finis, l'amour aussi disparut. [RAHA]

438. Se procurer de la sagesse c'est vraiment s'aimer et se le priver c'est anticiper son malheur, sois sage et écoute les conseils des ainés. [RAHA]

439. Une relation qui te rend esclave d'un homme est pire que la morgue, libère toi vite et n'y retourne plus. [RAHA]

440. Tu ne réussiras jamais si tu as abandonné ton Dieu quelque part, renonce à tout et fais le retour imminent pour le trouver.

441. Vous verrez toujours des hypocrites mais ne le soyez pas. [RAHA]

DEUXIEME CHAPITRE,

LA FAMILLE ET LE FOYER

1. Une femme heureuse doit avoir un homme et les enfants heureux. [RAHA]

2. La maison voisine ne peut jamais bâtir votre bonheur mais deux personnes en sont responsables. [RAHA]

3. Il est sage de résoudre les problèmes du foyer à deux, la belle famille sera toujours derrière leur enfant. [RAHA]

4. Ne faites jamais l'engagement par contrainte mais par amour et conviction profonde. [RAHA]

5. Il est mille fois sage de rompre les fiançailles lorsque vous remarquez les causes de divorce avant l'engagement. [RAHA]

6. Une maman insensée ne favorise que ses enfants et rejette la vérité. [RAHA]

7. Refuser la logique divine du foyer ne fera que le désordre. [RAHA]

8. Aimer un conjoint sans une considération est un mensonge. [RAHA]

9. Les femmes sont partout mais ma femme est dans mon cœur. [RAHA]

10. L'homme garde dans son cœur, les paroles douces de sa femme, c'est sa joie, il les prononce au temps favorable pour montrer sa satisfaction. [RAHA]

11. Dieu a créé la femme pour l'homme. [RAHA]

12. Le mariage somptueux ne dit rien si le couple ne sait pas la valeur de l'engagement. [RAHA]

13. Avoir une femme sage dans le foyer est la richesse de la famille. [RAHA]

14. L'homme sage soigne sagement sa femme et lui donne ce qui est nécessaire. [RAHA]

15. Frapper une femme c'est une grosse erreur mais la convaincre prouve la sagesse. [RAHA]

16. Connaitre les idées de sa femme est le commencement d'un bon encadrement. [RAHA]

17. On n'apprivoise pas une femme on vit avec elle comme une amie inséparable. [RAHA]

18. La femme ce n'est pas la beauté mais la bonté. [RAHA]

19. Une jolie femme qui est fidèle à son mari est très sage parce qu'à la perte de sa beauté son mari la verra toujours. [RAHA]

20. Troublez les parents c'est de la blague mais les conséquences sont très amères. [RAHA]

21. Une femme qui révolte ses enfants contre leur père récoltera le double, c'est une vanité et le manque de sagesse. [RAHA]

22. Une jolie femme qui se prostitue est idiote, à la perte de sa beauté tous la fuiront. [RAHA]

23. Ne te vante pas parce qu'une femme riche te marie, ce sera pour une saison et alors tu comprendras l'humiliation. [RAHA]

24. Fais attention dans tous tes engagements avec un homme ou une femme qui est prêt à divorcer pour n'importe quelle bagatelle. [RAHA]

25. Le regard envié envers un sexe opposé ne fait que se nourrir des illusions qu'il faut échapper. [RAHA]

26. Les paroles douces de la femme sont acceptées facilement mais le sage les discerne. [RAHA]

27. La ReineVasti pensait que sa beauté pouvait payer sa désobéissance, mais dans une minute elle perdit sa valeur et devint une exilée. [RAHA]

28. Ne pense pas que sûrement tu récolteras les fruits des devoirs très lourds rendus à ta famille; tout ce que tu fais, Dieu seul te récompensera, la vie est très complexe. [RAHA]

29. Si tu épouses par compassion tu le regretteras, ceci se fait par l'amour mutuel. [RAHA]

30. Aimer une sorcière c'est choisir le diable qui nuira toute ta vie. [RAHA]

31. La famille est chère lorsque tu es cher pour elle, sinon ce serait une vanité. [RAHA]

32. Une femme menteuse est comme une grande sorcière qui détruit sa propre famille. [RAHA]

33. Les divorcés ont honte de déclarer les réelles causes de séparation mais disent les secondaires. [RAHA]

34. Ne forcez pas l'amour, si il est parti, c'est de l'eau en fuite qui s'évade, la solution serait de le garder soigneusement. [RAHA]

35. La joie des mariés serait consistante et longue si le couple découvrait sa valeur. [RAHA]

36. La pirogue qui transporte l'amour dans le foyer ne peut se noyer quand le couple cultive la persévérance, la tolérance, le pardon et les bonnes actions. [RAHA]

37. Une femme infidèle a déjà signé le divorce bien qu'elle soit mariée. [RAHA]

38. Le célibat d'un ancien marié est une expérience à ne pas souhaiter. [RAHA]

39. Ajouter et Divulguer les causes de séparation maritale, ne feront qu'augmenter les souffrances et humiliation, parle à ceux qui vous aideront au lieu d'avilir l'autre partie. [RAHA]

40. Une fille m'a étonné de justifier sa mère et condamner son père alors qu'elle ne savait pas réellement ce qui s'est passé dans la chambre de ses parents … [RAHA]

41. La femme est sacrée, elle se souille en voulant être un homme. [RAHA]

42. La femme est sacrée, elle se souille en montrant ses organes précieux au public. [RAHA]

43. Moïse connaissait que la femme était sacrée, les autres s'en méfient, alors pleuvent les divorces. [RAHA]

44. La femme est liée à son mari, en le déclarant vaillamment à ses fils elle les écarte de la malédiction. [RAHA]

45. L'homme qui ne chérit pas sa femme est ignorant car c'est son don précieux à sauvegarder toute sa vie. [RAHA]

46. Dieu a trouvé un seul cadeau précieux à l'homme c'est la femme [RAHA]

47. Une femme idéale ne meurt pas elle reste dans l'esprit. [RAHA]

48. Une femme infidèle est une moribonde bien qu'elle vit. [RAHA]

49. Une femme qui méprise son mari n'est ni intelligente ni sage parce que elle détruit son avenir et sa gloire. [Sagesse du Dr. RAHA]

50. Les enfants qui enveniment les conflits de leurs parents s'attirent des jugements et des malédictions dans leur vie. [Sagesse du Dr. RAHA]

51. La joie du mariage réside dans la compréhension, la sincère communication, et le respect mutuels. Sagesse du Dr. RAHA

52. Le mariage n'est pas un cadeau, c'est un échange de vie et s'il ne répond pas à cette condition il est vide de sens. Sagesse du Dr. RAHA MUGISHO

53. L'enfant qui ne croit pas à la sagesse de ses parents, est considéré comme un fou parce qu'il vit par leur elle. [RAHA]

54. La femme qui ignore la valeur de son mari se mariera avec son domestique. [RAHA]

55. Dieu a donné l'administration de ce monde à l'homme, il est détruit parce que l'homme l'a cédé à la femme. [RAHA]

56. Dieu a dit que l'homme est la tête de la femme mais aujourd'hui on l'a contredit disant qu'ils sont égaux. [RAHA]

57. Une femme qui accepte les conseils des sages sera toujours heureuse mais celle qui observe le vent et regarde les nuages sera toujours la cause de ses troubles. [RAHA]

58. On ne se marie pas pour satisfaire les caprices des autres mais pour se compléter dans l'amour réciproque. [RAHA]

59. On ne supporte pas un partenaire dans le foyer on le tolère. [RAHA]

60. Un mariage heureux est une source de joie inimaginable. [RAHA]

61. L'union conjugale causée par le désir des biens finit toujours mal, méfiez-vous. [RAHA]

62. Si tu trouves un bon partenaire dans le foyer, garde-le, sans faille c'est un trésor de ta vie. [RAHA]

63. Ne rentre plus dans les erreurs qui t'ont coûtées le divorce sinon tu en auras d'autres. [RAHA]

64. Ne te force pas à t'engager à celui ou celle qui te semble odieux (se) avant le mariage, c'est une bêtise. [RAHA]

65. Tu peux recevoir de grosses sommes pour un engagement obscur, mais tu seras le prisonnier de la conscience. [RAHA]

66. Aimer est différent de désirer, le mariage c'est par l'amour et non le désir. [RAHA]

67. Une fille qui refuse de se marier avec toi, te donne l'occasion de trouver celle qui sera ton cœur. [RAHA]

68. Il y a une différence nette, entre marier une femme et se marier, X a marié sa femme mais Y s'est marié, ayez de la sagesse dans ces deux choix. [RAHA]

69. Celui qui entretient des relations illégales avec le conjoint de l'autre s'attire un jugement. [RAHA]

70. Ne sous-estimez pas la femme de votre père, elle est la mère de vos frères. [RAHA]

71. C'est un danger d'appeler la femme d'autrui chérie parce que le baiser de Judas a existé. [RAHA]

72. Une fille qui est à l'âge n'a pas peur d'affronter même un vieil homme, elle pourrait prendre au sérieux toutes vos blagues, et un jour elle se présentera comme votre fiancée, soyez prudent. [RAHA]

73. Ma femme c'est partout et non seulement dans la chambre, cette reconnaissance est capitale. [RAHA]

74. Beaucoup de foyers sont en lambeaux à cause des étrangers alors que le temps fera qu'ils restent deux dans leur maison. [RAHA]

75. Une femme idéale est celle qui est à côté de toi et pas celle que tu ne connais pas. [RAHA]

76. Si le problème de votre foyer est le ménage, apprends à le faire seul. [RAHA]

77. Avant de l'épouser tu connaissais qu'elle était plus grande que toi, pourquoi tu peux te révolter aujourd'hui? C'est de l'aventure. [RAHA]

78. Si la dot seule suffit pour unir le couple donc le mariage n'aurait plus de sens. [RAHA]

79. Faites tout pour aimer beaucoup votre femme parce que vous passerez beaucoup de temps avec elle qu'une autre personne. [RAHA]

80. Avoir un bon lit et des ornements splendides vous donnera l'envie de rester dans votre chambre. [RAHA]

81. Un ami a agréé qu'avoir Dieu dans son cœur, une femme aimable, une maison admirable, une chambre merveilleuse et un véhicule de votre choix, alors le bonheur frappera sur votre porte. [RAHA]

82. Il est inutile de créer une forteresse pour garder l'amour, mais créer la confiance réciproque, avec les prières, vous réussirez. [RAHA]

83. L'enfant qui se rangeait au côté de sa mère pour ridiculiser son père n'a pas su la consoler lors du décès de ce dernier. [RAHA]

84. Laissez votre père diriger son foyer, votre tour viendra, vous ne l'échapperez-jamais. [RAHA]

85. C'est par manque d'expérience que les uns s'intercalent dans les querelles du couple car tu regretteras tes paroles déplacées à l'entente du couple. [RAHA]

86. Le regard est très significatif dans la communication secrète des amoureux, faites attention à tout qui semble gauche. [RAHA]

87. L'argent dépensé pour ta femme n'est pas du gaspillage c'est une nécessité. [RAHA]

88. Un homme qui ne montre pas ses dents dans sa maison trompe en le faisant ailleurs. [RAHA]

89. Si ta famille ne peut profiter de tes biens de ton vivant quelle autre joie tu pourras t'imaginer. [RAHA]

90. Le malheur serait le résultat d'une femme qui a honte de présenter son mari. [RAHA]

91. Les femmes s'habituent facilement à une personne qui leur font des éloges et non des remarques. [RAHA]

92. Une amante qui est dans le cœur, sa valeur est inexprimable à son amant, c'est la relativité. [RAHA]

93. Respecte la maman qui vient de mettre au monde cette fillette, qui sait qu'un jour cette petite sera votre épouse? [RAHA]

94. Toutes les Thérèse ne sont pas de Mwahiri, parce qu'il y a qu'une, qui est ma mère, et qui me bénit toujours. [RAHA]

95. Se marier seulement à cause de la prophétie est une bêtise, les aventuriers sont partout. [RAHA]

96. Epouser une personne inconnue vous produira des effets imprévisibles. [RAHA]

97. Une femme vertueuse ne peut pas se cacher. [RAHA]

98. Un conjoint qui accuse faussement son partenaire, le tribunal le suivra partout. [RAHA]

99. Vante ta femme avant qu'un rusé ne le fasse. [RAHA]

LA POESIE

PAR DR. RAHA MUGISHO WISDOM

AFFECTION, AMOUR, AMITIE ET FIDELITE

BONHEUR TU AS GAGNE

On t'appellera toujours heureuse
Parce que tu sais défendre tes propriétés
Malgré les épreuves dures et douloureuses
Ton cœur persista dans toutes variétés
Sachant que pour ton amant tu es amoureuse

Bonheur tu as vu comment il a changé
Transporté par un lien de la mort
Tu décidas de sauver ton ange
Par les mots doux, dans ton apport
La victoire fut le fruit en échange

Le monde était changé à tes yeux
Mais ton cœur tenait l'homme de ta vie
L'humiliation échoua de voler tes vœux
Tes souffrances devinrent ta survie
Pour enfin fermer un eternel nœud

Bonheur tu as le droit de rire
Tu as dans tes mains ton roi
Tu es finalement son sourire
Et qui est la réelle proie
C'est ton bourreau qui est ivre

L'AMOUR ET LA FOLIE

PAR Dr. RAHA

Celui qui porte l'amour ne se cache pas
A tout moment il est hanté par un esprit
Qui traverse tout son être dans ses pas
Les autres par cette situation ne sont pris
Car l'électricité spéciale travaille papa
En sorte que la rue est plein des cris

Celui qui n'a jamais aimé les ridiculise
Mais les intéressés sont foux d'amour
Et veulent un monde dans les coulisses
Le sceptre des rêves et rires aux alentours
Qui se dessine de joie et prête la valise
Le cœur confortable bloquant les vautours

Don Quichotte de la manche aimait une créature
Imaginée par lui, prêt à sacrifier sa vie
Pour une Dulcinée de tobosso en caricature
Toutes ses années il anima l'amour et la folie
Il fut sincère dans l'erreur sur sa monture
Le vrai amour est une création non avilie

Dr. Raha Mugisho

Laissez-le, aimer c'est une saison importante
Soignant les plaies et les déceptions brutales
L'amour n'est pas la folie mais influent
Il est un fruit recherché et vraiment capital
Dieu dit, j'aime ceux qui m'aiment, vrai accent
Vous aussi vous avez ce besoin monumental

Vous ne pouvez imaginer ces conséquences
Car l'un étant absent l'autre est en torture
Personne ne pourra taire ces fréquences
Voila la folie qui se veut de droiture
Car le remède c'est seulement sa présence
Ma reine seule convient dans ma toiture

AFFECTION

PAR Dr. RAHA MUGISHO

La vraie affection affecte
Elle n'est pas timide
Celle-ci courageuse et correcte
Bien que son type étant placide

Elle est en soi un médicament
Radiant les maux non descriptibles
Important la joie visiblement
Essuyant les larmes nuisibles

Qui n'a pas besoin d'affection
Tout homme normal la cherche
La seule arme curative à l'infection
Le cœur va toujours à sa recherche

Un baiser tendre à un affligé
L'aide à vaincre ses tristesses
Un message de joie et poétique
Soigne les plaies et caresse

L'affection est très indispensable
Bannissant les vaines condamnations
Qui peuvent enterrer un responsable
On devient féroce sans l'affection

Demande-moi ta requête imminente
Et promets-moi cette affection
Je te ferai un travail excellent
La force m'entrera comme une injection

L'affection ne rejette pas les démunis
Elle est douce, tendre et généreuse
Me la priver signifie tu me punis
Alors amie tu deviens dangereuse

LA BONTE

PAR LE Dr. RAHA MUGISHO

Dans les mains et la bouche
Nous démontrons la bonté
Donne à manger à ta souche
Et ne sois jamais éhonté
En parlant les valeurs qu'on touche

Les mauvaises paroles chassent,
Et les gens et les signes de bonté
A l'encontre, les malédictions s'entassent
Pour provoquer mauvaise volonté
Qui détruira toutes les chances

La bonté voyage avec générosité
Celle-ci plante partout semences
Douces, infinies et dans l'équité
Les fruits se voient aux vacances
Et vos enfants trouveront sérénité

Il ne coûte rien de bien répondre
Vous ne perdez rien en saluant
Vos poules auront à pondre
En liberté chez les voisins en riant
Car la bonté a précédé à résoudre

Vive la bonté vive les biens
A bas la violence, à bas l'injustice
Tout sera couronné par les siens
Voyant ses œuvres de justice
Balayant les crimes des financiers

MASUWA TU M'AS SURPRIS

PAR Dr. RAHA

Masuwa tu es un homme
De mes yeux j'ai vu
J'ai touché de ma paume
Ta grandeur et le surplus
Imana apportera ta somme
Aux yeux de milliers pourvus

Niangara je la voyais souvent
Mais cette fois elle devint merveilleuse
A cause du geste qui défia le vent
Au sommet de Hilton c'était sérieux
Finalement j'ai quitté le couvent
Le savoir de Théo convint les curieux

Ainsi un homme trace son histoire
Brandissant les actes spécifiques
Qui parlent et appellent à voir
Les monuments et faits historiques
Maintenant tout devra savoir
Que Masuwa est au dessus de rhétorique

Ma prière est que tu prospères
Dans la vie et ta descendance
Parce que tu ne mérites pas l'opprobre
Les malins s'arrêtent seulement à la dance
Tandis que les sages présentent les propres

Que puis-je dire encore Masuwa
Tu m'as déjà démontré ta valeur
Que tu n'es un homme de brouhaha
Méritant partout des faveurs
Ainsi s'immortalise le don de Niangara

LA GENEROSITE REMARQUABLE

PAR Dr. RAHA MUGISHO

Dans votre toit et dans vos bouches
Le Dieu vivant est vraiment visible
Malgré toutes les casses et touches
La bonté divine fut votre cible
La fatigue et effort ne se cachent
Mais vous à jamais nuisibles

Innocent et Jeannette mes enfants
Ayant la direction du voyage céleste
Vous connaissez un modèle important
De plaire L'eternel étant toujours modeste
Murhakoze chane, Jeannette et Innocent
Pour le ciel vous êtes de bonnes vedettes

Pendant que je cherchais un appuie humain
Vous fûtes les premiers à bénir mon cœur
Les hommes se vantent oubliant demain
Heureux vous qui consolent sans peur
Les cœurs des affligés leur tendant vos mains
Imana, sérieusement paiera vos labeurs

Moto se souviendra aussi de votre dédication
Princesse chantera sans cesse vos œuvres
Vous méritez mes prières et mes bénédictions
Qui sont incalculables dépassant toutes manœuvres
Nous partirons tous mais resteront vos félicitations
Que tout de Raha vous respectent et vous couvrent

LA MALADIE INCURABLE

PAR Dr. RAHA MUGISHO

Ce matin j'éprouve énormes douleurs
Devant le médecin je manque à dire
Lui qui ne pige les signes de couleur
Avec un diagnostic pour me contredire

Psychologiquement je suis malade
Et seule ma femme détient le médicament
Sans elle je ne pourrais manger les salades
L'appétit fuyant, entraînant les sacrements

Ma femme vint, le sourire aux lèvres
Apportant sa main sur mon cou
M'amena de l'eau dans un verre
M'approcha avec un baiser doux

Les maux de tête se sont enfuis
Les palpitations cardiaques terminées
Dans un instant mon visage luit
Le rire automatique et instantané

Qui peut être précieux comme ma femme
Capable de soigner une maladie incurable
Que les médecins par erreur confirment
Le manque, mais ma chère sortit capable

Dieu l'avait déclaré admirable
Disant l'homme ne vivra pas seul
Je lui créerai une aide semblable
Qui doit lui garantir l'essentiel

L'AMOUR

PAR Dr. RAHA MUGISHO

Ce vocable est bien à prononcer
Mais mal à se priver de ses avantages
Parce que d'aucuns peuvent annoncer
Son arrivée et d'autres ses désavantages
Qui peut supporter son départ?
Bien que chacun a sa part.

C'est douloureux quand on le vide
Et il ne peut jamais laisser un remplaçant
Je me rappelle des souffrances de ce vide
Torturant, qui crée des insomnies
Tout seulement du refus de cette place vacante
Alors qu'en partant il laisse les ironies

Le cœur souffre et personne ne supporte
Surtout celui qui le revalorisait
La nuit avec ses tourments qu'elle comporte
Ne cesse à poser des idées cristallisées
Qui au fait ne sont que des portes
De souffrances et pensées souillées

Mon ami accepte seulement son départ
Étant parti il ne pourra plus revenir
Que vous ayez ceci pour votre part
Et le remède curatif va vous parvenir
Nous tous nous avons aimé du cœur
Mais les accidents amenèrent les pleurs

Placide ne pense pas au suicide
L'amour parfait demeure dans Yahwé
Ceci ne partira jamais cher placide
Concentre-toi quotidiennement à Yahwé
Il n'a jamais déçu et Il rempli le vide
Sa vie nous suit et crie vive Yahwé

MON AMI FIDELE

PAR Dr. RAHA MUGISHO

Tu es vraiment mon ami
Fidèle est ton nom
Tu t'es montré favori
De tous les prénoms
Tu n'es jamais parmi
Ceux qui maltraitent mon nom

Intègre est ta démarche
Tu es le même, nuits et jours
Comme je t'ai vu dans la marche
le premier moment et toujours.
Je t'aime et je t'aimerai
Tu n'as pas d'égal, bonjour

Ton parfum est excellent
Ta silhouette me rafraîchit
Au milieu de la nuit succulente
Tu me parles en ami
Pour me donner du vent
Soufflant comme à midi

A cause de toi, j'ai eu la sagesse
D'oublier tous les autres noms
Qui faisaient souffrir ma conscience
Découvrant que c'étaient nuisibles prénoms
Alors j'eus la joie que donne la science
Et je fus satisfait de ton surnom

Oh heureux que je suis
D'avoir un ami puissant
Ta gloire oh fidèle te suit
Ton manteau blanc luisant
Tes yeux brillent et encadrent mon esprit
Tu mérites mon cœur chemin faisant

MAMAN TU ES MON MIRACLE

PAR Dr. RAHA MUGISHO

Oh Maman tu es mon miracle
Par toi j'ai compris les oracles
Maman tu es incomparable
Toutes mes maladies furent curables
Par ton zèle et amour admirable

Maman comment je puis te récompenser
Tes bienfaits me font toujours penser
De ne pas essayer à t'offenser
Maman ta voix me pousse à danser
Sans musique sans tambour à fracasser

Maman tu as été ma meilleure avocate
Tous les jours tu cherchais mes avocats
Jamais tu n'échouais en tout cas
Tu ne sentais pas mes odeurs troublantes
Parce que ton amour pour moi fut très grand

Merci maman la femme glorieuse
Tu es courageuse et vertueuse
Grand caractère et créature pieuse
Rejetant toutes les antivaleurs
En toi je garde tous les vœux

LE MARIAGE

PAR Dr. RAHA MUGISHO

Le mariage est un beau cadeau
Ne se comparant à un autre présent
Ses actions coulent comme de l'eau
L'amoureux court tout en pressant

La suite l'enseigne petit à petit
Que son cœur n'est pas tout
Les éléments vitaux de l'appétit
Arrivent avec compréhension partout.

La guerre est un faux prophète
Les années te le prouveront sûrement
Car la complémentarité se veut nette
Pour amortir les bagages des sentiments.

La beauté sans bonté est inutile
Mais la loyauté et l'affection se veulent
Pour traiter tous les bruits utiles
Et se contenter toujours avec zèle.

L'IMPACT DU CADEAU

PAR Dr. RAHA MUGISHO

Donne-moi de grâce un cadeau
Tu toucheras mon cœur sans parole
Ceci crée du plaisir comme un ruisseau
Intarissable allant au delà de casserole
Quoique petite sa valeur crée le beau
Avec son automatisme, il remplit son rôle

Arielle distribuait des cadeaux aux invités
Par hasard je les accompagnais à Noël
Les premiers récurent avec bonté
Pendant que moi insensible au virtuel
Je le vis avec empressement de beauté
Venir vers moi avec un paquet exceptionnel

Mes soucis se dissipèrent immédiatement
Et mon visage devint très agréable
La joie de la compagnie fut curieusement
Entrainant un miracle belge convenable
Et la Belgique devint douce soudainement
A cause d'un cadeau respectable

Apprenez comment le cadeau transforme
Un cœur distrait à une position de bonheur
Que celui qui est sage retient cette norme
Capable de changer le mouvement du cœur.
Mes camarades de tout lieu je vous informe
Que les cadeaux créent énorme valeur.

LE TRESOR DE MON CŒUR

PAR DR. RAHA MUGISHO

Je ne puis pour longtemps le cacher
Le trésor réservé dans mon cœur
J'ai envie de l'exposer pour le toucher
A quiconque citera les chansons du chœur

Qui est finalement le propriétaire
Si ce n'est pas toi qui m'encadre
De tes mots que nul ne peut taire
Ne te trouvant dans aucun cadre

Je promets de te donner la lune
Et la lumière du grand Soleil
Sans oublier la douceur de la prune
A toi sans vergogne il sera pareil

Mes solitudes seront brisées
La vérité de ma théorie visible
Dans les promenades isolées
Accompagnés d'amour lisible

RHEMA SEI-

PAR Dr. RAHA MUGISHO

Oh, majestueux, Rhema-SEI je t'aime
Toute ma vie tu as vu mes œuvres
A tes enfants j'ai partagé mon âme
Nuits et jours tu remarquas la vérité de mes lèvres

Rhema-SEI tu as beaucoup de disciples
Eparpillés dans le monde pour luire
Kitumaini tu es pris comme cible
VITUYE en toi sut produire

Rhema-SEI tu as un puissant Dieu
Je le servirai dans toute ma vie
J'étais jeune et aujourd'hui vieux
Il est toujours le même pour ma survie

Ecoute Rhema-SEI ma déclaration
Mes erreurs n'ont rien changé de son amour
Il ne se repentira jamais de son élection
Mes péchés sont pardonnés et invisibles partout

Rhema-SEI, je pense en toi
Dans mes prières quotidiennes je te récite
Et j'adorerai ton Dieu mon roi des rois
Il est le garant de mon tout je le cite.

DESOLE TU NE M'AS JAMAIS CONNU

PAR Dr. RAHA MUGISHO

J'étais sérieux dans l'engagement
Mais il m'a fallu d'impossibles entrainements
Tu ne veux pas chercher mon genre de vie
Mes instincts ne voient pas seulement le lit
Avec la tranquillité et la confiance je serais affranchi

Désolé mes amis je ne puis rien sur vous
La liberté est égale pour vous et pour nous
D'apprécier le partenaire de son choix
Le bonheur et le salut sont nos droits
Plus de raison à l'erreur de gauche ou de droite

Si je ne me rappelle pas du passé
Je serai de nouveau chassé
Cette fois ce serait pour me taire
Et attendre le juste juge faire
Sa déclaration pour me convaincre

Si tu me connaissais tu aurais assurément
La volonté de le prouver dans le comportement
Digne et modèle qui doit être acceptable
Aux gents de toutes langues et viables
Me basant sur les concepts respectables

M'apprivoiser je ne le refuse
Mais je hais les temps qui m'accusent
Des choses que j'avais dépassées
Alors ma tête devrait être cassée
Bien que je ne doit pas être tracassé

HONNEURS

PAR Dr. RAHA MUGISHO

Maman s'appelle maman
Elle est réellement maman
Dans ses mains je pleurais
Malgré tout elle me baisait
Son amour me dépassait
Je suis ravi de l'appeler maman.

Papa s'appelle papa
Il était réellement papa
Je mangeais à la sueur de son front
Il est toujours mon héros
Il m'enseignait à être papa
Aujourd'hui je gagne sur le front.

Dieu s'appelle le père des orphelins
Il est le défenseur des veuves
Qui ne sera un jour orphelin ?
Ma mère aujourd'hui veuve
Dieu la supporte et la garde
Il excelle en tout pour la sauvegarde.

Dr. Raha Mugisho

A cause de Dieu je vis
Ses œuvres me suivent partout
Sa main me fortifie pour ma survie
Je ne suis plus orphelin du tout
Il est mon Père qui me donne la vie
Adorons, adorons, Dieu partout.

Je louerai L'Eternel de ses faveurs et grâces
Son élévation n'a pas suivi mes péchés
Dieu n'a pas de conseillers dans ses grâces
Sinon Il me laisserait à cause des péchés
Je loue de tout mon cœur ma providence
Ta seule voix m'a donné la victoire précise.

MON ENFANT

PAR Dr. RAHA MUGISHO

Oh je pensais que c'était mon enfant
Ceci fut l'erreur qui m'est arrivé
De raisonner en me privilégiant
Or mon enfant était déjà arrivé

Chemin faisant, hanté par la faim
Il me regardant comme un néant
Alors je vis que tout était fait
Tolérance zéro à tout vivant

Mes larmes ne signifiaient rien
Sinon la honte devait m'encadrer
Me faisant flotter comme un vaurien
Alors la grâce vint pour m'engendrer.

L'enfant conscient m'appela
De loin pour me reposer
Et le Dieu de RAHA
Ne tardera à bénir et concrétiser.

Mes enfants, comme une louange
Le ciel et la terre apprécient vos actes
La providence a envoyé ses anges
Pour fortifier le saint et divin pacte.

Le fils de l'homme viendra dans sa gloire
Vous approchera sur son trône de gloire
Dans sa bouche il vous fera une heureuse
Surprise, et vous dira bénis, par voix joyeuse.

SOUFFRIR POUR RIEN NON

PAR Dr. RAHA MUGISHO

Voisin tu ne me feras plus souffrir
Je t'ai déjà discerné
Avant que mes rêves arrivent à s'ouvrir
La lumière de mon destin s'est dessinée

Voisin, plus d'intimidation
Je te donnais les mérites
Dont tu devais pour approbation
Tu profitas de ma motivation

Fini le temps d'esclavage
La vérité m'a affranchi
Tes frustrations connaissent un lavage
Tes manœuvres ne seront jamais blanchies

Ensemble nous étions pour tout maquisard
Alors que tu faisais le malin
Arrête, tu ne profiteras pas du hasard
Tes opérations sont arrivées à la fin

SOLITUDE

PAR Dr. RAHA MUGISHO

Loin de moi solitude
Tu es un assassin
Qui tue avec le vide
Je te refuse comme voisin
Tu m'as rendu malade

Solitude tu m'as volé la joie
Malgré que je mange bien
Je dors comme un roi
Tu me maltraites, plus d'entretiens
Je cours t'accuser connaissant la loi

Solitude vide le camp maintenant
Sinon les nerfs me tuent
J'aspire voir ma moitié venant
Avec des paroles qui essuient
Mon cœur fatigué et alarmant

Solitude je te gagnerai assurément
A l'arrivée de ma fleur rose
Qui me consolera minutieusement
Depuis l'aurore jusqu'à la pause
Nos hymnes avec cadence soigneusement

Solitude rentre d'où tu es venue
La solution de l'averse m'arrose
Au temps convenable dans mon avenue
Dieu est le maitre du temps qui croise
Ceux-là qui ont été mis à nue

Adieu solitude tu es méchant
Toi qui me tuais lentement
Tu es une maladie séchant
Les os et la chair cruellement
Ma rose arrosera par de bons chants

LA PROMISCUITE DE LA VIE

PAR LE Dr. RAHA MUGISHO

La victime n'est pas toujours coupable
Le coupable n'est pas toujours victime
La vie a ses réalités palpables
Les innocents subissent l'amertume
Suite aux irrégularités démontrables

Les sages sont souvent mal classés
Parce qu'ils ne font pas des bruits
Les tonneaux vides deviennent placés
Parce que le monde creuse des puits
Que Dieu seul a le pouvoir de remplacer

Nous sommes arrivés au siècle de confusion
L'opprobre est devenu une valeur
Et les valeurs sont dans une fusion
Qui se cachent aux grands parleurs
Mais la vérité n'est pas une invention

Ne méprisez pas la victime de cette heure
Connaissant que votre tour sonnera
Alors vous saurez apprécier votre valeur
Qui n'est rien autre car le malin trichera
Et voici la victime privée de son bonheur

SPECIAL SCANDALE EN IRLANDE

PAR Dr. RAHA MUGISHO

Ce que je voyais fut univoque
Alors j'ai trouvé une remarque
De dix femmes six grossesses
Trois parmi elles ne cessent
De trainer les enfants sans bassesse

Depuis Dublin à Navan c'est l'histoire
Les hommes aussi ont des réquisitoires
D'aider les femmes à tenir les enfants
Une compétition de naissance attirante
Finalement la cause sans blague m'arriva

Le pays l'encourage avec beaucoup de motivation
Plus d'enfants et plus de rémunération
Population est le produit de la démographie
Le pays a besoin d'une sérieuse calligraphie
Ce sont les enfants qui demain seront qualifiés

L'ANNIVERSAIRE

PAR LE Dr. RAHA MUGISHO

Un bon anniversaire pour toi ma bienaimée
Je voulais être le premier à te souhaiter un meilleur
anniversaire
Ceci parce que je connais les différentes saisons que tu as
passées.
Haut et bas mais tu n'as jamais défailli
Malgré les tourments et les ennuis tu as enduré
Dieu fut ton instrument de support jours et nuits.
Dans les épreuves tu as renforcé tes mains
Le peu que tu récoltais par les larmes et fatigue
Tu partageais avec les personnes que tu connaissais et que
tu ne connaissais pas
Ceci montre ton caractère fort et de la puissance.
La puissance à l'intérieur et à l'extérieur
Beaucoup prétendent te connaitre mais ils ne te connaissent
pas.
Ils connaissent ton ombre mais pas toi
C'est un point que tu as triomphé avec courage
Heureux anniversaire ma bien aimée
Tu as toujours été le rappel de la vision céleste
Le pont pour le bonheur de plusieurs.
La déception ne t'a pas changée
Mais tu as pris la foi et oublier le passé
Félicitation je ne t'oublierai jamais

Bien qu'éloignés, l'une et l'autre nous avons une histoire
Et une bonne nouvelle, Faveur du Bonheur
Ce que tu ressentais jadis tu l'as gardé
Comment trahir pour s'avilir
Tu as accepté de souffrir pour donner la vie
Maintenant arrive mon tour, et je loue Dieu
Parce que je découvrirai enfin sa bonté
Heureux anniversaire la mère de mon bébé
Une femme forte, grand caractère, la lune de tes parents.
Sois heureuse ce jour de ta naissance, le jour que je fus
  chassé par celle qui devait me protéger
Chassé comme un chien, mais tu m'as donné un traitement
  humain
Merci, Merci, Merci
Gloire à Dieu le Soleil brillera encore

L'AMOUR C'EST LA VIE

PAR Dr. RAHA MUGISHO

L'amour est dans les actions et non dans les paroles
L'amour n'est ce que vous voyez mais elle parle à haute voix
L'amour n'est pas seulement ce que vous pensez mais ce
que vous faites
L'amour n'est pas un rêve mais une réalité.
L'amour n'est pas un mystère mais des réactions visibles
L'amour doit être partagée et pas égoïste
L'amour cherche l'intérêt de l'autre
L'amour amène la joie dans la tristesse
L'amour est capital partout
L'amour est toujours une solution
L'amour est une lumière vivante dans le cœur, esprit et âme.
L'amour est incomparable, vous en avez besoin
L'amour est un remède sans médicament
L'amour n'est pas le désir de la chair
L'amour est le Cœur parlant sincérité
L'amour n'est pas la volupté mais un cadeau précieux
L'amour ne porte pas la mort mais il produit la vie
L'amour est une réponse fondamentale du besoin intérieur
L'amour remplit la coupe de satisfaction
L'amour est un conteneur de bonnes surprises
L'amour ne regarde pas les erreurs mais la réparation
L'amour ne compte pas le nombre des fautes
L'amour est nouveau chaque jour et oublie le passé

L'amour amène l'espoir même dans le désert
L'amour est la vie et l'espoir
L'amour donne toujours une autre opportunité
La foi ne peut jamais remplacer l'amour
L'espoir ne peut jamais remplacer l'amour
La corruption ne peut jamais remplacer l'amour
Dieu est amour
JE VOUS AIME

SITUATION ROCAMBOLESQUE

VIELLESSE COMMENT T'ECHAPPER

PAR LE Dr. RAHA MUGISHO

La vieillesse arrive lentement et sûrement
Chaque année apportant une métamorphose
Tantôt le visage se confirme admirablement
L'ordre entraine la compréhension de morse
Passant par l'éducation, régulièrement
Pour entrer finalement dans la course

La vieillesse va son chemin tranquille
Personne ne pourra l'arrêter
Les années prouvèrent des responsabilités
Les charges pleuvent devant prester
Les parents regardent de loin la vulnérabilité
Pour que la maturité devienne confronter

La vieillesse semble un peu loin
Alors qu'elle se forme par la nature
La barbe apparait avec les points
Le ton approprié n'hésite à la capture
Et la forme réelle ni plus ni moins
Confirmant la vraie stature

Bientôt les os provoquent les douleurs
Les dos, les jambes suscitent le mal
Le docteur fera comprendre sa valeur
Car l'organisme devient animal
Oubliant les soins comme la vapeur
Supprimant la sensibilité radicale

Jeunesse tu dois apprendre
Que les choses changeront
Le vouloir ou pas, comprendre
Les grands de ce monde passeront
Tu aussi pourras t'y attendre
Les délais d'expiration viendront

LA DOT QUI SE DISCUTE

PAR LE Dr. RAHA

Africain dans le continent américain
Perçoit la dot de sa fille gentiment
Avec des idées traditionnelles africaines
La surprise de ses enfants avec tourments
S'étant levés avec des dépenses vaines
Considérer comme mauvais firmament

Tout à coup son fils crie au voleur
Menaçant de le traduire en justice
Disant que son père n'a pas cette valeur
Que cette dot paie les couts de ses vices
Alors le monde devient comme une vipère
Qui ne veut pas comprendre le service

L'occident n'est pas en tout modèle
L'oncle paternel donne les orientations
Mais le fils à sa mère demeure fidèle
De combattre son père pour félicitations
L'amertume créa une mauvaise ficelle
Qui condamnera cette précipitation

L'Africain qui plus ne comprenait le pas
Je marie ma fille, je dois me décider
Les enfants non le droit à maman
Le monde à l' envers et d'autres de valider
La bêtise qui ne fut acceptée par papa

Amen

LE SORCIER

PAR LE Dr. RAHA MUGISHO

Le sorcier n'est seulement le jeteur des sorts
Mais tous qui se contentent du mal des autres
Pourquoi être heureux et souhaiter la mort?
Quelque chose ne va pas qui est à l'encontre
De toute civilité, moralité dans ses rapports
Le malheur fait sa joie aux tourments des autres
Au lieu de s'occuper de se affaires
Avec zèle il contrôle tout le monde
Pour qu'il sache qui est à terre
Les accusations pleuvent de ses ondes
Pour casser les mérites comme un verre
Méchanceté travaille dans ces sondes

La nuit les voisins le voient dans le rêve
Faisant peur et des intimidations
L'attention pour le sage se lève
S'éloignant de toutes ses directions
Ayant le bon exemple du serpent et Eve
Pratique ce conseil évitant ses malédictions

Souvent la cause de séparation est ignorée
Les amis vivaient dans l'harmonie
La charité et l'affection colorée
Tout à coup arrive une pneumonie
Sans cause, sans parole décolorée
Et le sorcier créa cette maladie

Une histoire m'est arrivée malheureusement
Aux bienaimés qui étaient mon sujet de joie
Je ferais tout pour les conserver jalousement
En un moment de l'histoire de loin je les vois
Ne voulant plus m'approcher volontairement
Le sorcier avait déjà réalisé son devoir
T'en fais pas celui-ci peut être un religieux
Ayant un titre puissant respecte des aveugles
Exploitant sauvagement les enfants de Dieu
Semant les divisions et confusion au peuple
Jéhovah le vrai juge lui fermera les cieux
Le sage fuit ces arrogants partout coupables

IGNORANCE DU CHOIX

PAR Dr. RAHA MUGISHO

Tes premières relations sont tes bases
Négliger tes parents et frères
Est une bêtise d'une grande bassesse
Oublier les amis c'est creuser un gouffre
Tu n'es pas spécial malgré l'or de ta vase
Tous se consumeront comme du souffre

Au temps de malheur tous disparaitront
Qui faisaient la joie de ta table
Ainsi tu perdras l'épithète de patron
De loin tu ne seras plus respectable
Mais tes parents et frères compatiront
Aussi les vrais amis te seront aimables

Avant qu'il ne soit trop tard
Négocie et répare tes erreurs
Sinon tu ne seras qu'un vantard
Qui ne laissera que le malheur
Un homme averti évite le plutard
Acceptant les justes valeurs

Dr. Raha Mugisho

Mweze de Tanganyika disait
Vaut mieux un de nôtre en dignité
Nous tous nous aurons du lait
Qui se prendra avec personnalité
J'ai vu avec assurance ce qu'il voulait
Et bientôt sa théorie sera réalité.

L'HOMME N'EST QU'UN VOYAGEUR

PAR Dr. RAHA MUGISHO

La naissance dirige une biographie
Qui finira par un voyage personnel
Tous voyageurs issus de démographie
La puissance ne change sa voyelle
La faiblesse aussi n'a pas de calligraphie
La couleur et race ne garantissent la citadelle

Si je dis que l'homme est une histoire
Je n'ai pas tort car nous la laisserons
Riches et Pauvres doivent le croire
Nous partirons, les possessions resteront
Ainsi nous sommes appelés à un sacré devoir
De faire un bon voyage, nos actes nous couronneront

Les humains ne sont que des voyageurs
Qui doivent sanctifier leurs parcours
Sachant que le parfait observateur
Ne se trompera dans sa cour
Il paiera tous les dignes cultivateurs
Car tu récolteras tes semences au concours

L'homme sage comprend ce voyage
Les morts furent des hommes et femmes
De diverses catégories au passage
Connaissant leurs anniversaires fermes
Ignorant complètement la date du voyage
Car ce secret est dans le Dieu de nos âmes

Ceci me met dans un dilemme
De voir les humains qui négligent
Le mot d'ordre de Dieu de nos âmes
Qui détient le dernier mot de gage
Et son tribunal n'est pas comme
Celui de ce monde qui nous engage

LES ELECTIONS

PAR Dr. RAHA MUGISHO

Depuis ton commencement
Campagne, tu as dominé mes rêves
Quelles myriades des dépenses
Ce qui manquait fut la trêve
Mais je constatais les ruses de tout sens

Occident rejette les antivaleurs
Dans leurs campagnes pour le progrès
Mais ceux-ci les choisissent pour les regrets
Au fait je luttais pour leur montrer les valeurs
Et à la radio je détruisais les antivaleurs

Je pensais que la compréhension
Serait facile mais c'était le contraire
Les intellectuels adhéraient sans tension
Les autres attendaient un mot pour leur plaire
C'était sortir à la fin une enveloppe de vision

Sans cela tout le monde disait
Honorable, nous voulons le dernier mot
Quel exercice pénible, il prédisait
Ventre affameux n'est pas sot
Car tous les desiderata je les lisais

Dr. Raha Mugisho

Député national fut l'objectif
Les chansons et calicots en marche
Pour décrocher ce titre du peuple actif
Qui pense le vendre comme une vache
Alors on jette l'avenir dans la poubelle

Mes raisons, pour la jeunesse, sécurité
Pour la vieillesse, handicapés, sécurité
Pour les cadres médicaux, sécurité
Pour les enseignants, et militaires, sécurité
Mais peu qui ont compris mes sécurités.

Les élections étaient une occasion
De présenter mon cœur au congrès
Des villages modernes comme solution
Aux problèmes de l'emploi et du progrès
Et la surprise, ils ne virent pas la révolution

Vive le changement, vive mon équipe
Nous serons ensemble partout
Mes respects, vous n'êtes pas dupe
Vous fixâtes la vérité par des clous
Un travail de qualité méritant une coupe

Charles M, Moto, Princesse, félicitation
Denise, Maman Tumba, félicitation
Mweze, Mapenzi Mw, Marcelin, félicitation
Evariste, Nzigi, Manu, félicitation
Les enfants fidèles de Rhema, félicitation

Ce poème résume ma gratitude à tous qui ont travaillé avec moi lors
des élections législatives du 28 Novembre 2011
Viva Victoria

LA CONSIDERATION

PAR Dr. RAHA MUGISHO

La considération est hypocrite
Elle n'a même pas honte
Jadis tu avais les moyens bien décrits
Tu étais partout reçu de valeur haute
La chute t'a visité tu perdus les cris

Combien des frères qui te visitent
Les appels téléphoniques disparaissent
Des amis partout suscitent
Des incidents qui t'embarrassent
La considération de ce monde est fausse

Oh, ma personne et ma dignité
Je les garderai personnellement
Sachant rester dans l'acuité
De vision et objectif, quotidiennement
Focalisant mes efforts sans passivité

Les humains se fatiguent vite
Et surtout si rien ils ne gagnent
Ils ressemblent aux fables sans suite
Des personnes qui enfin vous dédaignent
Et le remède serait de saisir ta vision cuite

Homme ne te prends pas de surhumain
Ceci m'est arrivé, et tu pourrais le vivre
Si pas aujourd'hui ce serai demain
Sois humble et poli évitant d'être ivre
Et tiens cette clé de vie dans ta main

On parlera toujours de toi
Juste ou injuste et surtout le démuni
N'accepte pas la condamnation de soi
Parce que les humains t'ont puni
Concentre seulement tous les efforts sur toi

Yahvé a le dernier mot à dire
Il t'enlèvera dans l'enfer des hommes
Si tu acceptes sa volonté sans contredire
Alors le soleil brillera dans tes paumes
Les vrais amis tu les découvriras sans prédire

L'HOMME EST LE PRODUIT DES AUTRES

PAR Dr. RAHA MUGISHO

Quelqu'un le devient par quelqu'un
Qui veut le contester dans tout moment opportun
Nous sommes apportés sur cette terre par les parents
Ils ont pris tous nos soins étant très influents
Notre protection fut leur devoir atténuant

Beaucoup ont de potentialités énormes
Mais ils attendent continuellement les normes
De la nature pour avoir un bienfaiteur
Qui sans hésitation deviendra le porteur
De la bénédiction avec avis prometteur

Par des failles ne privez pas à manger
Celui que vous pensez vous avoir dérangé
Le monde tourne autour du Soleil
Sans complaisance vous le verrez avec votre œil
Que la situation inacceptable vous sera pareille

Chacun de nous a besoin d'un homme
Qui l'aidera à traverser comme
Les premiers qui nous ont devancés
Le cycle revient comme une dance
Dans toutes les circonstances

LE VIDE ME TROUBLE

PAR Dr. RAHA MUGISHO

Je ne veux pas ce vide
Quoique mon être est avide
Le confort seulement en méditation
L'Etoile du matin comblant mon attention
Ainsi se dissipent toutes cruelles sensations

Savez-vous combien est ma souffrance
Vous qui par tradition restez dans la mouvance
Bien que la maitresse sans pitié déclara
Cette vie imposée tu ne la maitriseras
Trouve une autre tu te stabiliseras

Le vide est un ingrédient qui dérange
Nul remède dans le marché ne l'arrange
L'homme ne doit pas seul vivre
Dieu le recommande pour survivre
Utilisant toute légalité à poursuivre

Vous ne pouvez jamais fuir ce vide
A moins qu'Emmanuel le fasse vite
Et balaie tous les éléments dangereux
Chassa les lacunes et idées houleuses
Qui au fait sont les tourments douloureux

MON AVENIR

PAR Dr. RAHA MUGISHO

Si mon avenir dépendait de moi
Il serait le meilleur pour soi
J'effacerai constamment le déboire
Ma façon d'être serait dans la gloire
Mais j'aspire à celle du Roi des Rois.

Hier est différent d'aujourd'hui
Portant une lueur qui luit
Mon courage pour vaincre est oui
Je ne cède pas à la souffrance qui me cuit.

Oh mon Dieu je te dis merci
Parce que ta victoire m'est parvenue
L'échec latent n'est pas devenu
Le blocage de toute la vie.

Parce que ta grâce me fréquente
Ta faveur qui me guette est imminente
Mes larmes accompagnent ma sagesse
Les humains en tirent la réjouissance.

LE COMBAT DE LA VIE

PAR Dr. RAHA MUGISHO

Tout n'est pas facile
Mais l'autre le veut facile
Je pensais être une blague
Alors que ce fut une vague
Mon maitre me le répétait
Aujourd'hui je me tais.

Vivant dans le toit paternel
Tout fut résolu par le maternel
Animé par de lourds sacrifices
Qui ne sont jamais artifices
Ayant les preuves de l'existence
Finalement je suis adapté à la dance.

Avoir un toit n'est pas un jeu
Ceux qui y arrivent sont peu
De nombreux peinent pour le pain
Des émeutes surviennent pour le lait
Une préparation est imminente
Pour y répondre d'une façon pertinente.

Ne pense pas que tu seras éternellement
Sous le toit d'un compatissant qui ment
Parce que les jours te prouveront la réalité
Et tu seras esclave de ta mentalité
Malgré les œuvres et prestation
La haine naîtra de ta consommation.

LA VIE N'EST PAS ROSE

PAR Dr. RAHA MUGISHO

La vie n'est pas rose
Elle est très complexe
Le sage de la vie ose
Se tenir droit et perplexe

Il la traite toujours avec rigueur
Voyant comment les autres souffrent.
Son travail se fait avec vigueur
Pour éviter de se trouver dans le gouffre.

Rire et pleurer animent sa cadence
Connaitre ceci ne change rien
Mais te montre avec intelligence
La réalité qui te rend vaurien

Aimer et détester nous surprennent
Alors que l'unité est la préférence
Le succès et la crise nous prennent
Ainsi ses aspects nous font de référence

Se jeter vers Dieu est la science
Supérieure et excellente
Lui étant le créateur de la conscience
Le seul omniscient et omnipotent.

LA JUSTICE

PAR Dr. RAHA MUGISHO

Je ne crois pas qu'il y en a une
On proclame de ne pas tuer
Mais on tue quand même les uns
Les autres sont seulement à huer

Pourquoi tuer les poules et les chèvres
Mais interdiction aux chats et aux chiens

Les vaches et les éléphants sont tués comme une bonne
œuvre
Donc la justice prend les victimes comme des vauriens

Aller dans la forêt où se cachent les félins
Ils n'ont ni lois ni pitié
Les humains au lieu de les punir prennent leur venin
Et entrent ainsi dans une féroce amitié

Pourquoi tuer c'est un grand échec
Corriger vous fera devenir très sage
Les morts partent avec
Toutes les occasions à réparer dans leur passage

La justice serait de se mettre en ordre
D'être prudent sans attendre le magistrat
Ne connaissant pas ce que sa vision cadre
La vraie justice revient à Dieu qui a un parfait contrat

L'AIR EST UNE GRACE DIVINE
PAR LE Dr. RAHA MUGISHO

Il est très important de reconnaitre
Que toute personne avant de naitre
Elle a un acquis non conditionné
Et partout ce principe fonctionne

L'air est un don pour toutes les tribus
En Europe et aux Etats unis dans les bus
A la douane et au service des impôts
Personne ne te dérangera tard ou tôt

L'imitation se fait dans tout le monde
Et c'est devenu favorable sur toutes les ondes
Payer de l'eau et diverses éventualités
Croyez moi ceci devient ainsi une actualité

Rare sont ceux qui sont reconnaissant
Et trouvent qu'en se taisant
Ils n'ont pas de devoir à accomplir
Alors que devant Dieu ils lui doivent merci

Pour l'air combien nous paierions
Et où exactement nous l'achèterions
L'air nous suit même dans les lieux dangereux
Dieu qui nous l'a garanti reste glorieux

L'INFLUENCE DE LA COULEUR
PAR LE Dr. RAHA MUGISHO

La perfection ne dépend pas de la couleur
Les hommes ne sont pas des couleuvres
L'organisation est un bon dirigeant
Elle est accessible à tous les brillants

Les brillants sont ceux qui brillent
Dans les recherches et la lecture ils excellent
Noirs, Blancs, Jaunes et Rouges sont admissibles
Pour la réussite et ils deviendront crédibles

Par curiosité entrez dans le train et dans l'avion
Vous verrez ceux qui lisent et les autres cherchent
distraction
Comment pouvons-nous avoir les mêmes bagages
Comme nos prestations n'auront pas d'égal partage

Si vous ne connaissez pas votre destination
Peu importe votre divination.
Un bon plan, et des objectifs clairs
Vous arriverez un jour et dans la paix

LE REFUGE

PAR LE Dr. RAHA MUGISHO

C'est triste de ne pas connaitre le secret
C'est comme celui qui ignore le décret
Ecoutez le conseil du sage
Tu ne seras pas fracturé à l'atterrissage

Le refuge n'est pas chez ton père
Ni aussi chez les personnes chères
Vous devez vous adapter à toute situation
Pour éviter toutes les déceptions

Les parents et amis peuvent vous ignorer
Les amis et connaissances peuvent mal vous décorer
Tout ce que vous envisage comme réconfort
Peuvent-en un rien de temps manquer le renfort

Si vous ne savez pas dépendre du tout puissant
Le créateur du ciel et la terre qui domine sur Satan
Vous n'avez pas un refuge certain
Malgré tout ce que vous espérez aux hautains

LA CREATION

PAR LE Dr. RAHA MUGISHO

Qui sans honte peut te refuser
Toi seul tu fais l'action de diffuser
Tes œuvres et tes réalités
Alors que c'est une grande complexité

Création dis moi comment et pourquoi
Tu as des précisions et immuables lois
Nous avec notre technologie
Nous avons les erreurs en nostalgie

Arrêtez de dire qu'il n'y a pas de créateur
Parce que tu évites d'être un adorateur
Et pourtant tu adores sans le savoir
Les bienfaits de son pouvoir

Comment la création sans créateur
Ici le syllogisme manque à l'orateur
Ayant seulement la rhétorique
Manquant complètement la logique

On dirait que tu es jaloux
De celui qui est le possesseur de tout
Tu ne tairas jamais son nom
Il est Dieu et ne changera pas son prénom

LE BON LEADER

PAR LE Dr. RAHA MUGISHO

Leader au fond c'est quoi
Parce qu'il n'est seulement le roi
Il est un homme ou une femme
Qui a une direction ferme

Le bon leader ne dort pas comme
Celui qui pense uniquement à la somme
Cherchant la satisfaction et le bonheur
De ceux qui ont perdu leur valeur

Ce n'est pas un chercheur des aventures
Nuits et jours il songe à la cure
Il est combattu dans ses actions
mais ne retourne pas à ses bonnes décisions

Sa nourriture ne signifie rien
Il veut le partage même aux vauriens
Sachant que tout a le droit de vivre
Evitant tout qui pourra le faire ivre.

Voici un homme qui est qualifié
A prendre la responsabilité intensifiée
Des besognes inhérentes de la société
Et sa présence fera fuir la pauvreté

LA DIFFERENCE D'HIER ET AUJOURD'HUI

PAR LE Dr. RAHA MUGISHO

Hier et aujourd'hui sont différents
Surtout par les informations affluentes
Et aussi le climat qui s'improvise
Alors les événements nous avisent
Que chaque jour son trou, il le creuse

Les dates changent dans le calendrier
Les naissances apparaissent sans prier
Les morts sont enterrés chacun son jour
Pour montrer qu' hier avait son tour
Et aujourd'hui nous savons l'action de la cour

Hier est passé et ne reviendra jamais
Aujourd'hui nous buvons du lait
Et corriger les erreurs d'hier
Une autre occasion de prier
Louer, adorer, et le mal replié

Demain ne sera ni l'un ni l'autre
Vu son caractère qui est contre
Toute visibilité et prévisibilité
Dieu seul connait son entité
Nous connaissons en partialité

LA GLOIRE DE L'HOMME EST GEOGRAPHIQUE

PAR LE Dr. RAHA MUGISHO

Mike avait réellement raison
Qui peut se déplacer avec sa maison
Il est vrai tu as le même bagage intérieur
Etant invisible tu es considéré inferieur
Et pourtant dans ta ville tu es supérieur

La gloire de l'homme est géographique
Et ceci n'est pas microscopique
Un chef politique ensemble à un aéroport
On lui exigeant avant le transport
Les bagatelles de tout sort

Ne vous fâchez pas quand vous n'êtes pas considéré
La loi de la nature est difficile à gérer
Comprendre sinon tu te feras du mal
Dans l'environnement occidental
Les éventualités sont orientales

Le vrai homme est celui qui est intérieur
Vous l'ignorez en l'identifiant de l'extérieur
Mike et moi étions à Leeds des inconnus
Pourtant de loin Mush nous a reconnus
Il fut un voyage très long et il nous salut

Vous verrez encore que Mike a raison
Bien que la valeur de l'homme a des sons
Les mêmes hommes doivent l'estimer
C'est leur droit de la confirmer
Préserver la pour enfin l'affirmer

Chaque crocodile a sa station
Les Africains ont cette déclaration
Dans un clin d'œil si j'arrive à mon territoire
Petits et grands me suivent dans l'auditoire
Les applaudissements ne sont plus accessoires

LA PAIX ET LA SECURITE

PAR Dr. RAHA MUGISHO

Je t'assure la paix en me donnant ma sécurité
Je te donne mon temps procure mon salaire
Nous ne sommes pas venus plaire la société
Mais de faire un échange totalitaire

Personne n'aide l'autre
Nous sommes régis par un contrat
Pas de raison d'être à l'encontre
De sécurité sinon viendra le magistrat

Ta paix dépendra de toutes les sécurités
Sécurité alimentaire, Santé et logement
Je travaille pour cette finalité
Patron prends-y soin complètement

Travailler n'est pas être esclave
Si tu ne veux ne pas travailler refuse de manger
Le progrès est le savon qui lave
Tous les linges sales mal rangés

Donc nous sommes tous travailleurs
Employeur et Employé chacun son rôle
Pour ta paix ne sois pas comme le mauvais tailleur
Sinon la grève touchera tes tôles

LA VICTOIRE CONTESTEE

PAR LE Dr. RAHA MUGISHO

C'est une grande honte
Pour un homme responsable
De tricher, soyons honnête
Sans quoi on verra partout des incapables

Je ne sentirai aucune joie
De porter un titre sans mérite
C'est un mal en soit
Qui ne réponde pas aux rites

C'est un exercice scandalisant
Qui se cache dans les aventuriers
Montrant des actes séduisants
Provocant des œuvres meurtrières

Voici un Docteur de ce genre
Ayant bistouri et les médicaments
Qui se précipite et entre dans la salle
Pour finalement provoquer des hurlements

Il faut mériter le diplôme
La gloire sans mérite est dangereuse
Parce que la prison deviendra ton home
Pour tes prétentions cruellement ambitieuses

TOUT PEUT ARRIVER

PAR LE Dr. RAHA MUGISHO

Le monde n'est pas le vôtre
Il est pour les uns aujourd'hui
Et demain pour les autres
Il est comme la balle qui suit
Une indescriptible trajectoire
Balançant les différents joueurs
Faisant tomber pour la victoire
Et curieusement échec aux meilleurs

Les jours, les mois et les années
Devaient nous enseigner
Que personne même les ainés
Doivent éternellement régner
J'ai été dans une consternation
De voir un président qui devait gagner
Sans chemise et dans l'humiliation
Tout à coup je commençais à pleurer

La vie est semblable à une rivière
Qui ne sait ce qu'elle rencontra dans son passage
Elle part sans regarder derrière
Ainsi tout homme passe par un voyage
Tantôt confortable tantôt meurtrier
Moi en ce moment j'ai besoin d'un ange
Qui me dira comment cet aventurier
Me laissera quitter dans la poussière

Tout peut t'arriver
Tu n'es pas exceptionnel
Dieu seul va nous sauver
De ce monde rempli de criminels
Nous avons besoin de lui pour nous raviver
Nous protéger de toutes les mines
Si vous acceptez et vous le suivez
IL aura pour vous et pour moi une bonne mine

SURPRISE HEUREUSE

LE DIEU PRESENT

PAR Dr. RAHA MUGISHO

Dieu ne vient pas et ne pars
Sinon Il ne sera pas Dieu
IL est Jéhovah shama car
Il est en tout lieu
Voyez le toujours par
La foi et avec tout sérieux
Lui qui est la vérité
Ne manquera jamais sincérité
Vous le chercherez parce que
Il est présent et véridique
Dieu est au dessus du savoir
Sachant qu'il a tout pouvoir
La pesanteur sur lui n'est rien
Créateur dominant tous moyens
Incontestable et glorieux
Qui fait respecter sa parole
Maitrisant, temps et son rôle
Tout est a nu devant sa face
Se promène sur toute surface
Pour donner du pain aux affameux
Rendant justice à tous ceux
Qui se confient a sa puissance
Comment manquer l'aisance
Dans ses mains créatrices

Dr. Raha Mugisho

Et vider tous les caprices
En se repentant il pardonne
En s'humiliant il donne
Dieu a la joie d'élever
Et la tristesse d'enlever
Quel bon et idéal roi
Qui par pitié annule de lois
Juste en confessant les péchés
Il purifie, comme celui qui a péché
Magnifique, Admirable, Omniprésent
Notre défenseur toujours présent
Il n'arrive et ne pars pas.
Dieu possède partout ses pas

LA SOURCE DE MA REUSSITE

PAR Dr. RAHA MUGISHO

Que tous connaissent ma source de réussite
Parce que tous mes amis les connaissent vite
Ce n'est ni caché ni très difficile à imaginer
Ma rose devait par son savoir deviner
Que Dieu seul m'a propulsé avec justesse
Mes talents viennent de lui seul avec finesse.

Me mettant dans le désert, la majorité me sabota
La faveur divine partout me capta
Alors la voix me disait de ne pas me négliger
Le courage revint et j'acceptai la sagesse me diriger
Accablé par les attaques et les déceptions je pleurais
Dieu seul voyait les larmes que j'essuyais.

En vérité dans mon cœur je gardais l'honnêteté
Faisant tout pour garder la sainteté
J'ai laissé les autres s'amusaient de mon malheur
Mais Dieu me fortifiait parlant dans mon cœur
RAHA ne déconsidère jamais ce qui sort en toi
Donner de la valeur à son produit est la loi.

Enfin de compte vous avez un manuel
Qui des années ne vous sera cruel
Mais vous montrera la main de Dieu
Qui élève et pardonne sous des yeux
Il ne demande conseil à personne
Il affermit avec une grâce certaine.

LE DESTIN FEVRIER

PAR Dr. RAHA MUGISHO

Dieu m'a créé un jour,
Il m'a laissé grandir pour
Lui servir nuits et jours
Moïses a terminé son tour
RAHA est pour ses jours.
Le rédempteur est mon secours

Je ne demande pas d'être connu
Par Dieu mon appel est reconnu
Lui qui m'a relayé des inconnus
Mon courage fut tenu
Comme une réalité venue
Prouva une sagesse parvenue.

Torturé par les fruits de mes entrailles
Je soupire à cause de l'espoir de mes ailes
Supporté par Dieu malgré les querelles
Etant humain je reconnais mes failles
A tous je demande pardon avant mes funérailles
Le destin n'a pas d'artiste mais la destination m'emballe.

Connaitre et pas ne détermine le capable
Car à un moment la vie est incontrôlable
Mais la valeur de l'or est mesurable
Les vaillants finissent avec le nom d'honorable
Malgré les mauvais titres attribuables
Leurs prouesses les suivent et sont valables

LA PLUME

PAR Dr. RAHA MUGISHO

La plume est devenue
Une amie de révélations.
Les vivants dans toutes les rues
Auront des tangibles relations
Dues à ces poèmes entretenus.

Dieu demeurera souverain
Lui qui donne sans retenir
Il m'a fait tout terrain
Mon cœur doit contenir
Ses apports comme un bon parrain

Rien n'est impossible
En travaillant de tout cœur
Le pouvoir dans tout asile
Est puissant sans rancœur
Et toute chose deviendra facile

Je ne me permettrai jamais
Sous-estimer une personne
Car la capacité de tout humain
Nul ne connait sa couronne.
Les réalités créent le surhumain.

RICHESSE, ECHEC, ERREUR, PAUVRETE

LA VRAIE RICHESSE

PAR LE Dr. RAHA MUGISHO

Le monde cherche avec force la richesse
Rares sont ceux qui veulent la sagesse
Pourtant, le possesseur est riche
Comme l'eau dans la cruche

L'homme qui embrasse la justesse
IL s'habille toujours la sagesse
Tous le trouvent honnête
Gardant toujours les préceptes.

Les voies de Dieu sont ses conseillers
Nuits et jours il soupire les meilleurs
A donner à ses semblables
Sachant qu'il est étranger raisonnable.

Ce contenu est réellement sa richesse
Car la vraie richesse est la sagesse
S'écartant de Dieu, la folie est présentée
Présentant la vraie face de la pauvreté

RICHESSE II
PAR LE Dr. RAHA MUGISHO

Richesse tu n'es pas la sécurité
Tu n'es pas l'assurance
Si pas serviteur tu es vanité
Richesse tu es une circonstance

Richesse tu fais souffrir tes ouvriers
Mais tu es une bénédiction à tes maîtres
Tes anéantis toujours tes ouvriers
Tu élèves sans condition tes maîtres

Tes ouvriers n'ont ni appétit
N'ont ni joie et sommeil
Ils se montrent petits
De comportement de l'écureuil

Tes maitres adorent L'Eternel
Se réjouissent et témoignent
La providence et la vie éternelle
En gardant la ceinture qu'ils ceignent

Leur Dieu est leur sécurité
IL est aussi leur assurance
Ils se reposent avec acuité
Parce que Dieu n'a pas de variance

L'HOMME HEUREUX

PAR LE Dr. RAHA MUGISHO

Je l'ai cherché avec précision
Il m'était difficile dans ma transition
Car les riches et les pauvres se lamentaient
Alors mes recherches me promettaient
D'aller jusqu'au bout pour la confirmation

Curieusement je venais de remarquer
Que mêmes le religieux échappe de vaquer
Aux paroles puissantes de son maître
Ainsi il devint un traître
Car il était censé ne pas l'être

L'insatisfaction était dans toute couche
Mais avec une grande joie je trouvai une bouche
Qui chantait après avoir mangé sa proie
C'était un homme d'une petite taille à basse voix
Qui possède partout sur les gibiers des droits

Cet homme s'appelle pygmée
Il n'a pas besoin de nos désirs à sa portée
Sa nourriture est sa joie et sa satisfaction
Les habits et les modes pour lui c'est une distraction
Homme heureux, nourris le, tu trouveras la confirmation

L'ECHEC

PAR LE Dr. RAHA MUGISHO

Qui n'a jamais connu un échec
Avant que les drames viennent avec
L'expérience recherchée, je vous assure
Que l'échec est la voie qui est sûre
D'arriver à la perfection pour profiter des chèques

Les savants ne se découragent jamais
Ils répètent sans cesse mais
Ils ne perdent pas l'espoir
Ayant toujours la réussite dans le miroir
Ils contrôlent les émotions pour valoir

Un fainéant peut se moquer d'un ignorant
Tandis qu'un bon chercheur en encourageant
Les autres il prouve sa valeur et sa dignité
Les vantards, leurs actions ne sont que vanité
Parce que de loin ils ne voient pas toutes les extrémités

Perdre un combat n'est pas perdre la guerre
La répétition est pour la science une mère
L'échec est la préparation d'un élève
Comme Martin Luther et son rêve
Donne une bonne leçon et preuve

L'ERREUR NE REGARDE PAS L'AGE

PAR LE Dr. RAHA MUGISHO

Ne soyez pas très pressé
Prends tout ton temps à réfléchir
Si tu ne souviens pas du passé
Les sages disent que sans fléchir
Tu revivras les problèmes laissés

Pourquoi cette vitesse vertigineuse
Qui te pousse à courir
Tes prédécesseurs ont eu la vie soigneuse
Grâce aux années qu'ils devaient parcourir
En observant les principes avantageux

Ne nous dis pas comme Lucifer
Qui était pressé à détrôner Dieu
Sa place subitement devint l'enfer
Seule l'expérience dit l'adage des vieux
Rend sage et nous renforce comme le fer

L'erreur ne regarde pas l'âge
Elle est arrogante et rapide
La patience, la fidélité, sont bonnes pages
Nous conduisant aux réactions non cupides
Souffre mon ami pour être sage

LA PAUVRETE

PAR LE Dr. RAHA MUGISHO

La pauvreté ne réside pas dans le ventre
Elle domine dans la tête
Et elle descend dans le cœur, au centre
C'est ainsi que tel fait la bête
En décidant avec ambition de paraitre

Malgré l'abondance rien ne rassure
Etant toujours dans des discussions d'orgueil
Alors que la pauvreté troue la chaussure
En quoi te seront ces vaches qui veillent
En vous passant du vétérinaire sur
Par lui tu les préserveras et il surveille

Tête vide conduira toujours à la pauvreté
En refusant les conseils et L'éducation
Le malheur viendra seul et la cécité
Dérobant le bonheur et la nutrition
Pour se trouver toujours attristé

De loin tu pourras voir les munis
Qui par manque de la sagesse
Finiraient à se classer aux démunis
Le sage par humilité ne cesse
De s'incliner pour enfin rester unis
Le pauvre lui se voit arrivé
Restant seul nourrissant l'arrogance
Avilissant tout et devient privé
De la grâce conduisant à l'abondance
Pour devenir pauvre avec répugnance

CONDAMNATION ET DECEPTION,TR.

LA HAINE EST A COMDAMNER
PAR LE Dr. RAHA MUGISHO

Mon frère, je suis encore vivant et fort
Donne-moi une autre chance
Je concentrerai tous mes efforts
Pour m'en tirer de toutes les variances
Ne m'enterre pas, je vois mon renfort

Le mal ne vous donnera rien
Le pardon vous donnera un nom
Pourquoi toi devenir vaurien
Car l'histoire t'ajoutera un surnom
Méchant, cruel, mauvais curieux

Mwenzako est déjà dans le feu
Pourquoi tu le suis partout
Tu le remplaceras frappé de fer
Utavuna t'égorgera le cou
Son Dieu le sauvera de ce feu

MA CONDAMNATION
PAR LE Dr. RAHA MUGISHO

J'ai déjà compris
Ma condamnation est prise
Une sentence à mort par défaut
Ma défense est tombée dans l'eau
L'accusé étant juge dans sa peau

La mort physique ne me fait pas peur
Ayant l'assurance du salut du cœur
Je ne crois pas à cette sentence
Et La mort tremble à la présence
De mon protecteur omniprésent

Mon âme crie cherchant l'affection
Mais les juges ont causé la défection
Mshindi j'ai besoin de ton avis favorable
Afin que je puisse vivre capable
De supporter les humiliations coupables

Princesse et Utukufu, vous êtes mes témoins
Vous qui reconnaissez que de Dieu je fus oint
Personne ne veut comprendra votre témoignage
Sauf le temps qui se passe de tout âge
L'orgueil de l'homme aura sa charge

Ne vous vantez pas mes accusateurs
Comme la terre est soumise à la pesanteur
La lumière arrivera à son temps
Et rien n'empêchera le printemps
De régner à sa saison paisiblement

Malgré ma condamnation
Et toutes les sommations
Je demande à mes accusateurs
De ne pas me priver la faveur
De ne pas calciner mon cœur

MURWALI TU T'ES CONDAMNE

PAR LE Dr. RAHA MUGISHO

Murwali je t'ai choisi parmi les frères
Pour être ma confidence et mon ami
Mais tu as pris cela à la légère
Nombreuses de tes réactions bannies
Par les sages et les confrères
Tu ne fis pas attention mais ironies

Malgré ces caprices tu avais ma faveur
Ma main ne pouvait pas te priver
Les biens qui furent à mon serveur
Tu devais avoir la charge à cultiver
Mais tu fus semblant comme un rêveur
Murwali les années vous devez les activer

Je ne sais pas la cause de cette direction
Laissant ta maison avantageant du voisin
Tu regretteras acharnement cette vision
Détruisant ton allié et ton destin
Tu devais être patient dans les décisions
Observant le trajet parcouru et distinct

J'aimerais toujours ta famille
Et restera ma consolation
Quoique git torture sans faille
Je serai fidele à ma vocation
Sachant que bien tes canailles
Je souffrirai dans cette caution

Je me plains de toi mon frère
Tu as prononcé ton jugement
Je ne ferai rien cette ère
Dieu seul dans son remaniement
T'enlèvera cette précieuse faveur

ZANDA POURQUOI CE COMPORTEMENT

PAR Dr. RAHA MUGISHO

Zanda ma fille tu m'as déçu
Tu ne voulais rien comprendre
Au malheur que j'ai reçu
Tu t'es glorifiée de me surprendre
Avec un mandat qui fut
La rupture que la haine engendre

Zanda- Wiru, j'étais innocent
Je devais dormir dans la rue
Ton ancien ami de noce
Me sauva dans cette vue
Tu fus folle de cette annonce
Et tes écritures devinrent dépourvues

Zanda je te porte à cœur cordialement
Tu m'avais traité comme ton père
Mais tu avais oublié méchamment
Que tout humain est censé à l'erreur
Mais pour ce cas et précipitamment
Mon innocence devint sans valeur

Je sais tu n'as pas de moi besoin
Moi, J'en ai et je t'aime et t'aimerai
Me souvenant de bons soins
Que jadis tu m'administrais
Zanda j'ai toujours de toi besoin
Malgré tout qui se dessinerait

Refuser les parents ne le supprime
Au contraire ce fait l'accentue
Zanda ma fille, reviens à ta prime
Tu es dans l'erreur et tu me tues
Toutes les fois que tu imprimes
Mes passés qui seront lus

KAKA QUI ES TU?

PAR Dr. RAHA MUGISHO

Je pensais que tu étais un homme
Mais je me trompais cruellement
Tu voulais seulement mes paumes
Sans vouloir la provenance curieusement
Ce que tu es et c'est ma propre somme
Que tu n'aurais jamais et simplement

Je regrette parce qu'il est pour toi tard
Tu pensais faire mes obsèques
Mais tu n'auras pas ce privilège de vantard
Tu partiras le premier malgré ton casque
Car tu ne dois plus profiter de mes canards
Malgré mon amour sur toi toujours des risques

A cause de ton ignorance tu me privas de ma couche
Toi qui fus la personne censée me protéger
Tu me pris pour une risée oubliant ta souche
Mes larmes coulaient sans congé
A cause des blessures semblables aux vaches
Qui à l'abattoir sont égorgées

Je voulais que tu sois un homme
Tu méprisas farouchement mes conseils
Voici maintenant tu es comme
Un roi fainéant sans le droit œil
Effaçant les œuvres de ton père à gomme
Après ton entourage deviendra ton cercueil

Ton petit m'avait agressé
Toi et les tiens restèrent insensibles
Oubliant le sort des blessés
Regarde aujourd'hui la marque visible
Que tout le monde n'a cessé
De commenter ses bavures lisibles

Dieu se souviendra de moi sitôt
Il ne me donnera jamais la mort du chien
Etant favorable dans ses yeux tard ou tôt
Ma couche et mes fruits seront miens
Je me réjouirai et adorerai plutôt
Que souffrir pour les ingrats premiers.

LE VIDE ME TROUBLE

PAR Dr. RAHA MUGISHO

Je ne veux pas ce vide
Quoique mon être est avide
Le confort seulement en méditation
L'Etoile du matin comblant mon attention
Ainsi se dissipent toutes cruelles sensations

Savez-vous combien est ma souffrance
Vous qui par tradition restez dans la mouvance
Bien que la maitresse sans pitié déclara
Cette vie imposée tu ne la maitriseras
Trouve une autre tu te stabiliseras

Le vide est un ingrédient qui dérange
Nul remède dans le marché ne l'arrange
L'homme ne doit pas seul vivre
Dieu le recommande pour survivre
Utilisant toute légalité à poursuivre

Vous ne pouvez jamais fuir ce vide
A moins qu'Emmanuel le fasse
Et balaie tous les éléments de suicide
Chassa les lacunes et idées carcasses
Qui au fait sont les tourments d'acide

LA VIE EST REMPLIE DE SURPRISES

PAR LE Dr. RAHA MUGISHO

La vie n'est pas facile
Bien qu'elle semble légère
Elle n'a pas d'asile
Jamais elle ne contiendra dans un verre
Très complexe quoiqu'elle file

La vie n'a pas de garantie
Les frères ne les sont pas
Les proches jamais aussi
Quand le malheur touche tes pas
Regarde toi-même l'issue

La vie change de couleur en saison
Elle est belle quand elle te sourit
Moche en perdant la raison
Les attristes la voit pourrie
Les gagnants poussent des sons

La mort se cache à cote de la vie
Parce que la mort invite les découragés
Alors qu'elle n'est pas la survie
La patience sauve les outragés
Ayant en main les poursuivis
La vie m'a déjà enseigné
De ne plus me moquer des blessés
Etant moi-même passé sans gagner
Connaissant les signes des cassés
Torturé inlassablement sans cognée

Dieu est le seul maitre de tout le temps
Qui élève celui-ci et celui-là abaissé
Lui ne connait pas le contretemps
Il fera qu'un jour je sois apaisé
Et mes peines s'envoleront au vent

UNE AUTRE FACE DE LA VIE

PAR LE Dr. RAHA MUGISHO

Monsieur, je viendrai te rendre visite
Sitôt en apprenant la perte du travail
Les avis deviennent autres dans le site
Ceci est une autre face du portail
Pas d'intérêt regard change vite
L'oubli des faveurs dans le cercueil

Etant dans la misère plus de consolation
Ni les cartes de vœux de toutes les fêtes
Tes frères aises reçoivent les invitations
Toi, on essaie volontiers l'oubli de ta tête
Voici l'autre face de la violation
Qui n'épargne n'importe quelle vedette

Dans l'abondance tu ne connaîtras les amis
Tous viennent manger et vous flatter
Tu le sauras quand la disette sera admise
Alors vous me chercherez qui gratter
Et ce sera un fatal compromis
Capable de faire les douleurs te mater

J'étais une fois un homme fort
Les femmes et les hommes s'inclinèrent
Sachant ce qu'ils gagnaient sans tort
Mon Dieu m'a laissé quelques heures
J'ai vu l'autre face de mon sort
Qui autre pouvait m'essuyer les pleurs

Un homme sage doit s'occuper de son destin
Travaillant avec but et vision claire
Tout en ne pas valoriser les festins
Abandonnant ses priorités journalières
Sinon la déception très clandestine
Conduira ses pas au cimetière.

LA COLERE

PAR Dr. RAHA MUGISHO

Oh colère je me moque de toi
Tu ne sais ni parents ni ami
Colère tu n´as pas une bonne voie
Tu ne veux jamais être affermie

Combien des maisons tu as brulées
Et le tribunal t´a mis en prison
Et tu es toujours roulée
Malgré les terribles frissons

Loin de moi la colère
Tu n´as jamais aidé personne
Tu es une vilaine vipère
Qui ne réserve aucune couronne

Méchanceté, Insultes sont tes amis
Mauvais conseillers qui perdent
Qui tuent, détruisent comme les fourmis
Les sages discernent et ne te gardent

L'ORIGINE DE LA BOMBE

PAR Dr. RAHA MUGISHO

Homme, voici le produit de la peur
Tes découvertes surprennent le cœur
Parce que la crainte de tes ennemis
Engendre la fabrication d'une arme affermie

Homme tu es devenu dangereux
A cause de l'incertitude périlleuse
Tu fabriques toujours des munitions
Pour détruire tes semblables en punition

Les conséquences deviennent incalculables
Les vies sont en péril et incontournables
La peur de l'homme provoque partout les morts
L'arsenal devient le mode de vie comme sort

A qui profitent ces interférences
Qui ne laissent pas de référence
Les victimes ne reviendront plus
Alors que le monde voudrait le surplus

LA TRAHISON

PAR Dr. RAHA MUGISHO

Blâmer mais ne blâmez pas Dieu
Quelque part et de toute manière
Vous êtes responsable dis le vieux
Ecouter la voix divine enlèvera la barrière.

La précipitation pour conférer le bonheur
A subitement détruit le vôtre
Vous croyiez ajouter la valeur
Alors que la réalisation fut contre.

Où sommes-nous aujourd'hui
Chaque disciple vous a fui
Et si la grâce ne fut suffisante
Votre âme ne serait votre assistante.

Prenez courage malgré cette trahison
Les faibles s'en passent de la raison
Mais la vie continue
Et votre âme ne sera jamais nue.

HOMMAGES

SION TA REMINISCENCE

PAR Dr. RAHA MUGISHO

Fille de Sion tu es belle
Ton parfum est superbe
Tes décisions sont idéales
Jéhovah te prépare bonne herbe
Tu as défendu à cœur ses céréales

Qui ose te trahir Sion
Dans le feu et le sang
Judas s'est relevé
Haganah organisa un bon gang
Qui n'avait pas peur d'être enlevé

Fille de Sion j'admire ton courage
Yahvé Sabaoth t'a fait revenir
Il t'a envoyé plusieurs anges
IL a lui sa face pour ton avenir
Qui te fera encore le chantage

Tu disais par la foi pour Jérusalem
Cette année nous sommes esclaves
L'an prochain à Jérusalem
Les commandos de minuit en conclaves
Sacrifiant leur vie pour Salem

L'Irgoun a prouvé sa sagesse
Pendant le mois de Tichri
Le jour de Yom-Kippour en caresse
Le « shoffar » souffla ses cris
Le mur de lamentation eu l'adresse

Fille de Sion tu es convoitée
Toi qui ne pleurais pas seulement
Pour la ville, tu l'as prise en beauté
Tu dois être stable et ton environnement.
Fille de Sion je t'admire en toute bonté

AMERIQUE LA TERRE

D'OPPORTUNITE

Amérique, Amérique, Salut
La bonne terre d'opportunité
En Dieu tu avais cru
Disant, en Lui ta prospérité
Tes portes sont ouvertes et pourvues
Donnant des chances sans discriminalité

Comment oserai- je te trahir
Amérique quand j'étais affamé
Tu m'as donné à me nourrir
Quand les autres issues fermées
Les shelters furent près à m'accueillir

Amérique avec fierté
Tu réunis toutes les nations
Au même titre d'égalité
Vraiment tu as une grande dimension
Que Dieu te fasse une autre générosité

Lincoln, Roosevelt avec sincérité
Firent de grandes figures qui t'inspirent
De garder les valeurs et la liberté
Economiques, Humaines évitant le pire
Amérique, demeure dans la prospérité
Que les autres nations apprennent
Le secret d'accéder à la puissance
Ce n'est pas ceux qui discriminent
En excluant les autres avec nuisance
La différence est la richesse certaine

RDCONGO UN GRAND ARTISTE

PAR Dr. RAHA MUGISHO

RDCONGO un grand artiste
Tes instruments étant en panne
Tu ne déranges pas tes solistes
Des veillées des prières une à une
Du Lundi au Samedi sur ta liste

Congo tu n'es ni malade ni faible
Tu es seulement dans une longue transition
Tes enfants ont découvert une fable
De créer l'unité dans toute réquisition
Après demain sûrement tu seras aimable

Congo, sache que le hasard
N'existe que pour distraire
Ecoute le conseil d'un maquisard
Place partout tes entrailles pour extraire
Enfin tu seras plus fort que ton marchand

Congo tu es réellement riche
Je te porte à cœur
Pays de mes souches
Mets de côté la peur
Pardonne, travaille ta couche

Je vois de loin tes enfants
Ils viennent de toute extrémité
Apportant talents et science éléphant
Ta lampe allumée pour ta prospérité
Mon Dieu seul te soulevant

Congo n'accuse personne
Choisis la paix et progrès
N'imite jamais parole païenne
Expose ta gentillesse au congrès
Tu as la délivrance certaine

Congo je t'aime
Tu es trop joli
Le pays de miracle
Tu soupires à midi
Le soir tu as tes oracles

VOISIN TU AS MON RESPECT.

PAR Dr. RAHA MUGISHO

Tu es petit mais historique
Tous les pays parlent de toi
Du sort que de ce cirque
Jadis, jadis, tu reçois.
Voisin sur cela sans critique
Je pleurais, les faits de hors la loi

Que mes entrailles n'oublient
Les aventures de la curiosité
Nzagukunda, la chanson qui crie
Dans mon cœur avec sincérité
Les miens m'ont sacrifié
Mais hélas tu m'as falsifié

Je ne serai jamais ton bourreau
Et je serai à jamais étonnant
De la déception dans ton bureau
Geste qui me fut non consistant.
Voisin je ne méritais pas ce cadeau
Mes prières pour ta paix grandissante

Garde et Enseigne divin principe
De travailler pour le bien être de l'humanité
Tu ne perdras rien, de la sagesse qui émancipe
Qui aurait cru que tu vivras cette acuité
Imana, ainsi te soutiendra, sa majesté
Lui qui élève et qui abaisse jamais n'anticipe

Après avoir essuyé fiasco monumental
Je résolus de travailler de cœur pour toi
Voisin tu me posas des questions mentales
Qui me repoussèrent et je perdu le pourquoi
D'abandonner les miens de cette cause orientale
Pourtant je t'apportai l'honneur dans mon convoi

IRLANDE

PAR Dr. RAHA MUGISHO

Irlande comment je pouvais te connaitre
Tu n'étais jamais dans mes plans
Tu ne sais pas ce que j'ai à reconnaitre
Mais tu as la chance d'avoir un élan
Pour avoir accepté un de mien paraître
Tu es bénie Irlande

Oh Terre qui cachait Yvette
Erick, tu le gardais pour le bonheur
Et maintenant je me réjouis de la crevette
La main divine enlève le malheur
A celui qui du cœur ne jette
Les pierres au distingué voyageur

A vrai dire par Yvette
Je bénis L'Eternel
Et par Erick de joie je saute
Irlande je te vois belle
Tu ne sais pas combien tu coûtes
A cause de leur présence naturelle

BELGIQUE DES BELGE

PAR LE Dr. RAHA

Belgique tu m'as amusée
Je me réjouissais de tes parcs
Comme un touriste non lésé
Marchant et m'asseyant au banc
Tes métros sur la route motorisée
Portant des rails des noirs et blancs
Sans gouvernement maitrisant les cas
Plus de trois cent jours dépassés
Tu as finalement évité le fracas
Et ce jour ton premier a passé
Ayant programme avec Africa
Rigoureux qui aurait cassé
Les crises dans tout les cas
Félicitation le vide est chassé